はじめに

ネイルサロンを開業する——。

この本を手に取ってくださったあなたにとって、それは「いつか叶ったら良いなぁ」と思っている〝夢〟でしょうか？　それとも、すでに実現に向けて動いている〝現実〟でしょうか？　ひょっとしたら、漠然と「美容関係の仕事に興味がある」「何か開業したい」と思って手に取ってくださった方もいらっしゃるかもしれません。

私は、「ネイルが大好き」という理由だけでネイルの世界に飛び込みました。20歳だったあの頃は「ネイルサロンを開業する」なんて思ってもいませんでした。ましてや、店舗展開をして社長になるなんて想像もしていませんでした。

ただ「仕事をするなら、自分の好きなことがしたい！」。そんなふうに考えて開業したのが、「ネイルサロン」だったのです。

現在、創業16年。株式会社ティアラグレイス設立から13年、全社員約100名（全員女性）でネイル＆アイラッシュサロン18店舗、スクール4校を運営しています。最近では「多店舗展開のノウハウを教えてください」「女性スタッフを育てるコツは何ですか？」と講演や相談を受けることが増えてきました。

スタートは「店長兼スタッフ一人」の小さなネイルサロンでした。一人の〝ネイリスト〟のままだったら、今の私も株式会社ティアラグレイスもなかったでしょう。そう思うと、開業というのは、どんなに小さなサロンだとしても〝無限の可能性の扉を開くこと〟だと実感しています。

30歳で開業した私は、もともとの性格も相まって、あまり深く考えたり綿密な計画を立てたりせずに「何とかなる！」と思ってここまで来ました。「世の中の女性をネイルで幸せにしたい」「お客様にお姫さまになってもらいたい」という思いだけを抱いて、とにかく行動しました。

この〝とにかく行動〟は、とても大切なことだと思います。それを今、より強く感じるようになりました。

そこで「ネイルサロンの開業なんてできるだろうか」と迷って、初めの一歩を踏み出せない人がいたら「とにかく行動してみて！」と言ってあげたい！「その背中を押してあげることができるなら」とこの本を書くことにしました。

ネイルサロンを開業するだけなら、資金さえあれば、さほど難しいことではありません。問題はその先です。開業したサロンが長くお客様に愛され、やがて2店舗目、3店舗目と多店舗展開していくためには、ノウハウだけでは語れない思いがあります。

私のネイルサロンに託す具体的な思いは次の3点です。

「自分が楽しいから」

「お客様を幸せにしたいから」

「スタッフを幸せにしたいから」

この明確な思いがあったからこそ、小さなサロンが18店舗になり、社員は約100名になり、今「100店舗の出店を目指す」という夢を描いています。

この本は「開業準備をしてサロンをオープン」してから「スタッフを育て、店舗展開していく」まで、私の経験をすべて詰め込んだ内容になっています。

「ネイルが好き」「好きなことを仕事にしたい」とこの本を手に取ってくださったみなさんの夢が叶い、サロン開業ができること、そして多店舗展開に発展して企業として成長していくようなネイルサロンになることを願っています。

Contents

第5章

予約が埋まるサロンになろう

Contents

第6章 サロンが発展していく「女性スタッフの育て方」

Contents

第7章　多店舗展開への道

第1章

「開業できるネイリスト」になろう

「ネイルが好き!」その気持ちが原動力になる

指先を彩る美しい輝き、気分が上がるかわいいデザインやカラー。いつまで見ていても飽きないキラキラしたネイルに魅せられて、「ネイルを仕事にしたい」と思う気持ちはよく分かります。私もその一人でした。

高校在学中は我慢をしていた憧れのネイル。私が生まれて初めてネイルサロンに行ったのは、高校を卒業した18歳のときでした。「ネイルをするだけで、こんなにも幸せな気持ちになれるんだ!」そのときの感動は今でも忘れられません。

それからは目に入る世界が一変しました。着るものやおいしいものを我慢しても、アルバイト代をネイルに費やしました。当時は今よりネイルサロンの数が少なかったこともあり、施術料は高く、爪の長さを出すスカルプチュアは2万円ぐらいしました。それでも、1回お手入れをしたら1カ月は維持することができるし、常に指先を見ては満足感に包まれます。友達から「いつも爪がキレイだね」と言ってもらえることも嬉しくて、ネイル代を惜しむことはありませんでした。

当時私が通っていたのは、有名タレントさんや美容家なども訪れるような表参道にあるとても高級なネイルサロンでした。「爪」という小さなパーツの贅沢が、〝自信〟と〝モチベーションアップ〟につながることを実感させてくれました。

20歳になった私は「自分に何ができるのだろう」と考えたとき、「これができます！」と言えるような特技も「この仕事がしたい！」という夢もありませんでした。「でも、とにかく何かやりたいことを探さなくては……」と思い、唯一思い浮かんだのが「ネイル」でした。直感的に「好きなことを仕事にする」のが〝自分が幸せな気分でいられるし、無理なく長く続けられる〟と思ったのです。結果的にそれは大正解でした。

お客様のネイルが完成し「うわぁ、キレイ！」「かわいい！」「ありがとうございます！」と喜ばれたときは、「こちらこそありがとうございます！」と大きな達成感でいっぱいになります。目の前のお客様が、私が施したネイルでテンションが上がり、爪先からパワーをもらって元気になっていく。お客様がキレイになっていくことで、私自身も喜びを感じることができ、幸せでした。

爪だけでなく、心も輝かせてしまう「ネイル」という魔法にどんどん魅かれていき、「ネイルが大好き」という思いだけで26年間も続けてこられました。

社交的な人はネイリストに向いている

「どんな人がネイリストに向いていますか？」と聞かれることもあります。細かい作業が好きで、根気がなくては続けられない仕事ですし、手先の器用さも必要となります。それに加えて、1～2時間の間、お客様と向かい合うので、コミュニケーション力があって、社交的な人のほうが向いていると感じます。

実際、ネイリストの採用で私が重視するのは、ネイルの技術も大事ですが、それよりも「社交的で明るい人かどうか」です。ネイリストは接客業ですから、「笑顔で元気に挨拶ができる」ことは大切な要素です。ネイルの技術は努力や経験で向上しますが、内気な性格はなかなか変えることが難しいと思うからです。

とはいうものの「ネイリストという仕事が好きでたまらない。センスが良くてデザインを考えるのが得意。施術のスキルが高いのに、お客様との会話が苦手」というタイプの人もいます。

そのような人は、社交的ではないからネイリストは諦めたほうが良いかというと、そういうわけではありません。接客方法や会話術は経験を積んだり、先輩から学んで努力することである程度は身につけられるので、どんな仕事も何年か続けてみないと「向いていない」という判断はできません。早々に「向いていない」と結論を出すのではなく、コミュニケーションが苦手な人でも「お客様を喜ばせよう」と常に心がけるだけで気持ちがお客様にも伝わり、接し方も会話も自然に変わります。

ネイルサロンという場所は、ネイルというサービスはもちろんですが、ネイリストとお話がしたくてサロンにお越しくださるお客様がたくさんいらっしゃいます。それはこれからも変わらないでしょう。

そして「ネイルが好き」という強い気持ちがあれば、それが原動力になります。「コミュニケーションが苦手」という困難を乗り越えて好きなネイルが自分の仕事になったとき、毎日がどれほど楽しく、幸せを感じることができるか想像してみてください。

「好きなことを仕事にする」はこだわるべきポイントなのです。

この20年で大きく発展したネイル業界

ところで、日本の女性は、いったいいつ頃からネイルをするようになったか知っていますか？

歴史をさかのぼると、唐の時代に爪を染色していた楊貴妃の習慣が、平安時代の日本に伝わり、身分の高い女性たちの趣味として持てはやされたとか。その時代には、鳳仙花（ほうせんか）や紅花などの汁で爪に着色をしたそうです。江戸時代には、「爪紅（つまべに）」と呼ばれ、主に遊郭の遊女たちの間で嗜（たしな）まれていました。明治時代には、フランスから爪磨きの技術が伝わりました。

「ネイルエナメル」と言われている速乾性・耐水性のネイルラッカーがアメリカで登場したのは１９２０年代。自動車の塗装用のラッカーから開発されました。この頃から、ネイルエナメルが販売され、「ネイリスト」という職業が誕生しました。

そして1932年、ニューヨークのREVLONが、世界で初めて色彩豊かな「ネイルエナメル」を発売。それまで「マニキュア」と言えば〝薄い色で、透明感があるネイル〟でしたが、美しい発色と色もちの良い「ネイルエナメル」に世界中の人々が魅了されました。当時、おしゃれに敏感だった女性（現在の中高年世代）の中には、「ネイルエナメルと言えばREVLONだった！」という方も多いと思います。その後、1970年代には「付け爪」も登場しました。これが「スカルプチュアネイル」の始まりです。

1980年代の初めに、日本初のネイルサロンがオープン。1985年にはNPO法人日本ネイリスト協会（略称：JNA。今後、この本でも頻出する名称です）が設立され、1990年代、日本でネイル業界は急成長していきました。

思えば、私が初めてネイルサロンに行った1992年頃は、まだソフトジェルではなく、カラーポリッシュとスカルプチュアの時代でした。ネイル業界の成長期の幕開けの頃だったのでしょう。

その後、ネイリストになり、2003年に自分のサロンを開業してから16年。その間に、ネイルの主流はジェルネイルになり、ネイルを楽しむ人と同時にネイリストも増えてきました。

2007年には株式会社ティアラグレイスを立ち上げ、サロンを18店舗まで展開することができたのは、まさにネイル業界の右肩上がりの時代の波に乗れたことも大きいと思います。ティアラグレイスでは、ネイルサロンだけでなくネイルスクールも4校開校し、多くのネイリストを輩出してきました。

「ネイル白書」の報告で知る、ネイル業界市場の推移

すでにネイリストとして働いている人にとっても、これからネイリストになろうとしている人にとっても、ネイル業界の動向は気になるところです。そこで、まずは『ネイル白書2016-17』で報告された「ネイル業界」の調査結果から市場動向を見てみましょう。

『ネイル白書2016-17』は、JNA（日本ネイリスト協会）が2年に1回発行する白書で、ネイル事業を展開するメーカーやディーラー（卸業者）、ネイルサロ

表１-１　ネイル産業の市場規模推移

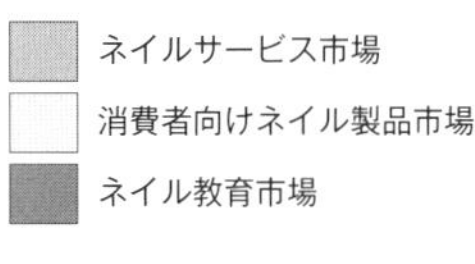

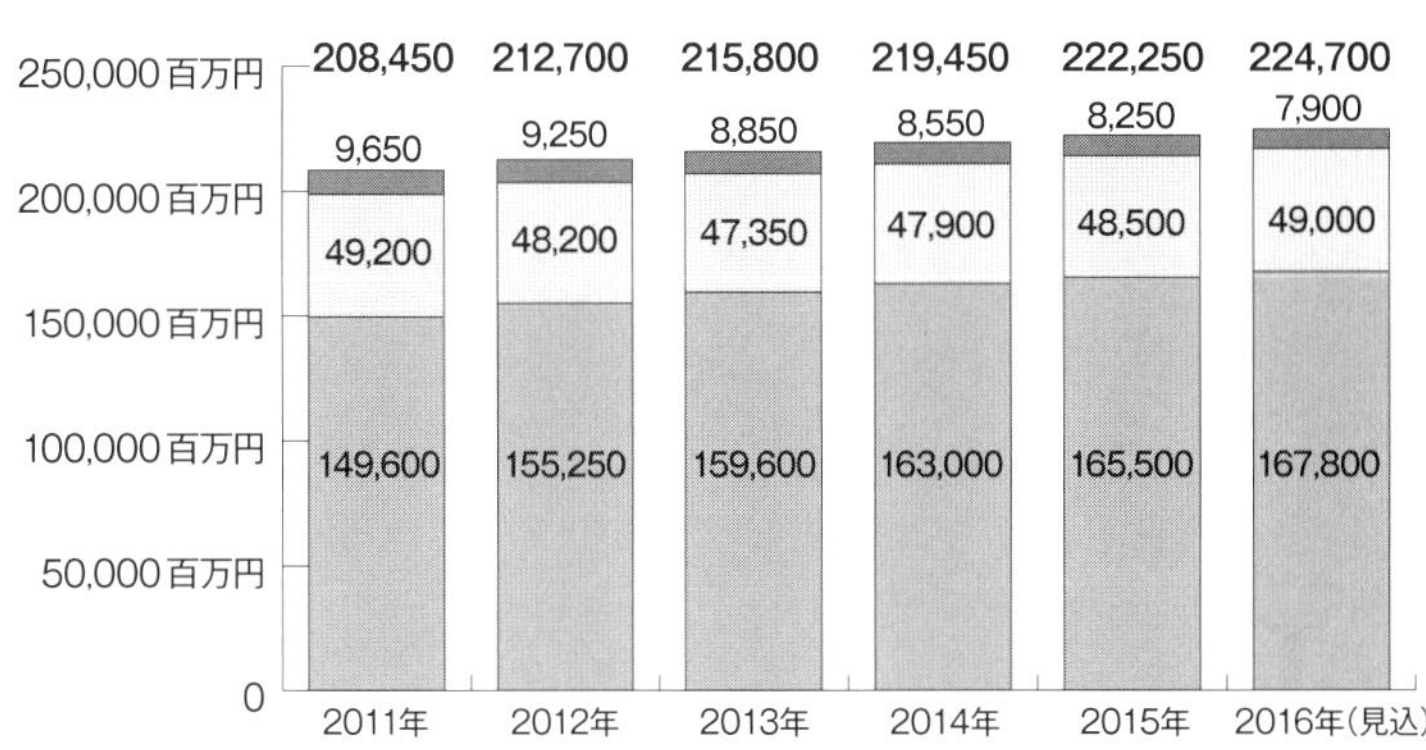

（出典:『ネイル白書 2016-17』ＮＰＯ法人日本ネイリスト協会）

ンやネイルスクールなどのさまざまな企業へのアンケートとヒアリング、消費者の意識調査をもとにネイル市場の動向をまとめたもので、業界の動向を知る上で欠かせない刊行物です。

まず、ネイル産業全体の売上ですが、２０１６年で約２２４７億円です。その内訳は、ネイルサービス市場が約１６７８億円、消費者向けのネイル製品市場が約４９０億円、ネイル教育市場が約79億円です。

表１-１「ネイル産業の市場規模推移」のグラフを見て分かるように、市場の伸びはとても緩やかです。ＪＮＡの分析によれば、「業界全体の売上は緩やかながら拡大

している。消費者へのネイルの浸透は進んでいるものの、セルフネイルの広がりなどによって、市場の大きな割合を占めるネイルサロンの売上が緩やかな伸びにとどまっていることが主な要因となっている」とのこと。

ネイルサロン数は、この調査の段階では約25000店で「都市部を中心に競争が激しくなっており、市場から撤退する店舗も多いものの、依然として参入する店舗数が上回ると予想されており、今後も施設数は増加すると思われる」というのがJNAの見解です。

確かに、街中を見ても、ネイルサロンは増え続けているように感じます。きちんとした店構えがなくても、テーブルとイスがあればネイルはできるので、ショッピングセンターやヘアサロンの片隅でもネイルの看板を見かけます。実際には、このリサーチに数えられていない自宅サロンや出張ネイルなどもあるので、新規店舗の数は確実に増えています。

その一方で、やはり余儀なく閉店・廃業してしまう店舗や個人事業もあるので、どんな業種でも同じですが、競合他社に勝って生き残っていく努力は必要です。

スキルを身につけるためには、まずスクールへ

この本を手に取ってくださった方のなかには、〝開業〟どころか、まだ「ネイリストになろうかな」と、ネイリストへの道の入り口に立ったばかりの人もいるかもしれません。

私もネイリストになりたいと思ったとき、いつも通っているネイルサロンで「どうしたらネイリストになれますか?」と聞いてみました。すると、そのネイリストさんは「ネイルの学校に行ったほうが良いですよ」とアドバイスをしてくれました。そこで私は、その足でネイルスクールに直行したのです。

そのときの行動が今の私につながっているので、「ネイリストになろう!」と決めたなら、まずはネイルスクールに通うことをお勧めします。

もちろん、今の世の中、SNSや動画サイトが普及していて、ネイルの技術は器用な人ならスクールへ通わなくても見様見真似で、だいたいのことはできてしまいます。

センスのある人なら、ネイルアートも難なく描けてしまうかもしれません。ネイリストには国家試験もないので、極端なことを言えば、あなたも明日から「ネイリストです」と名乗れるのです。

だからこそ逆に、ネイル業界ではネイリストの検定試験を重視しています。「正しいネイルの知識と技術を習得している」という証になるからです。独学で、いきなりネイリストの検定試験に合格するのは難しいと思います。確かな指導者がいるスクールで、基礎から学ぶのが一番確実な習得方法ですし、お客様へ自信を持ってサービスを提供できるようになります。スクールに通う時間がないという人には通信講座もあります。いずれにしても、独学ではなくきちんとしたところから教わるということが大切です。

ネイルサロンの就職では、検定の級数を技術の目安にしていて、「ネイリスト技能検定試験2級」に合格していることを採用条件に掲げることが多くなっている一方で、最近は「未経験者ＯＫ」という募集もあります。いきなりサロンに就職して、先輩に教えてもらうわけです。ヘアサロンでも新人がシャンプーだけを担当するように、ネイルサロンでも「オフ」だけを担当するようなアシスタントが必要なので、未経験者も採用することがあります。

先輩のもとで〝技術を盗む〟こともできますが、将来「ネイルサロンを開業したい」という思いが少しでもあるなら、ネイルスクールに行くことをお勧めします。その上で先輩から学べることもたくさんあるからです。

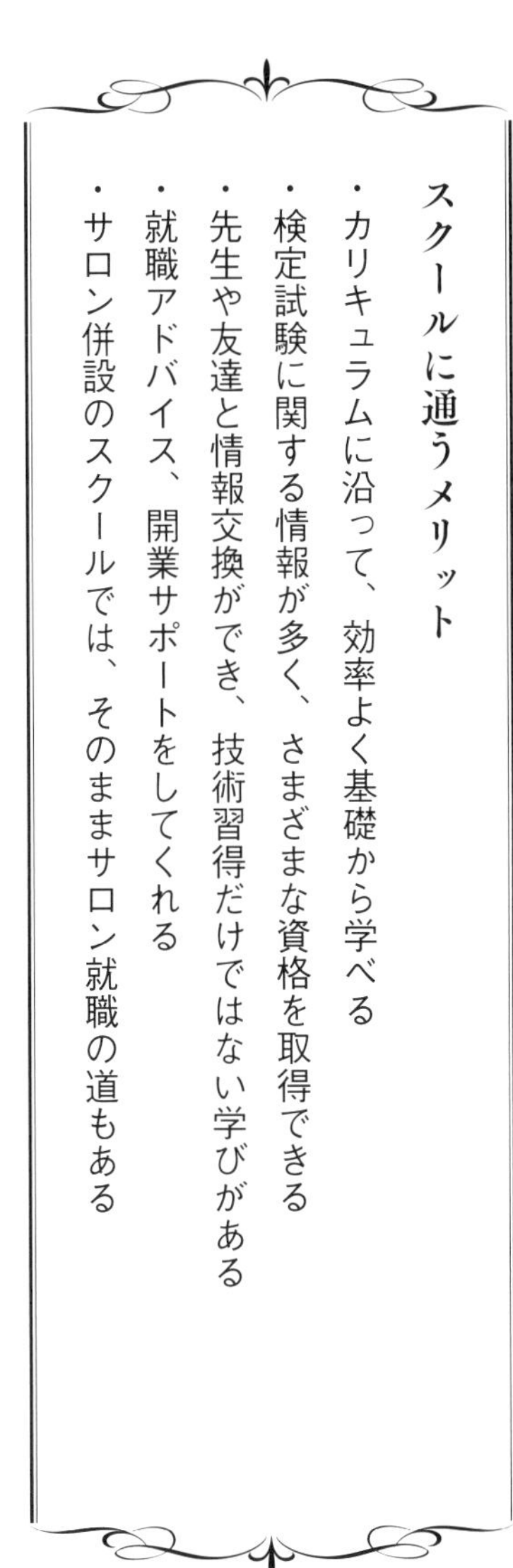

スクールに通うメリット

・カリキュラムに沿って、効率よく基礎から学べる
・検定試験に関する情報が多く、さまざまな資格を取得できる
・先生や友達と情報交換ができ、技術習得だけではない学びがある
・就職アドバイス、開業サポートをしてくれる
・サロン併設のスクールでは、そのままサロン就職の道もある

ネイルスクールの選び方も重要です。数多くのスクールがありますが、まずは、自分が学びたい技術や取得したい検定試験の内容が含まれているかなど、カリキュラム

やコースを確認してください。なかには、ネイルサロンで働きながらスクールへ通う人もいます。夜間コースや無理なく通えるコースがあるかどうかも確認してみると良いと思います。

条件に合ったスクールが見つかったら、実際に足を運んで、自分の目で確かめてみてください。スクールの雰囲気が自分に合うかどうか、肌で感じることができます。体験入学があれば参加して、授業の様子を見学したり、講師に質問をしてみると、そのときの対応でもスクールの様子は結構分かるものです。

入学案内などを見たら、そのスクールの代表や講師もチェックしてみてください。入学後、実際に自分の授業を担当することになる講師のキャリアも確認してみましょう。「JNA認定校」であれば、認定講師が常駐しているため信頼できると思います。

サロン併設のスクールの場合、卒業後にそのサロンへ優先的に就職できる場合もあります。弊社の場合「ネイルスクールティアラリュクス」では「スチューデントサロンワーク制度」を設けていて、スクールで学びながら、直営のサロンで実際にお客様を接客し、現場での経験を積むことができます。サロンを持っているスクールでは、このような制度を設けている場合もあります。

私が通ったネイルスクールも同様に、ネイルサロンも運営する学校でした。私もスチューデントサロンを経て、他のネイルサロンに就職しました。自分のスクール時代に併設サロンがあったので、開業してから「スクールを開校しよう」という発想が自然に生まれました。

どんなスクールで学んだか、そのスクールでどんな講師に出会い、どんな仲間と出会うかは、その後のネイリストとしての成長に少なからず影響を及ぼします。そういう意味で「どんなネイリストになりたいか」を考えてから、その理想に近い卒業生を輩出しているスクールを選ぶのも、一つの選び方です。

プロを目指すなら、ネイリスト技能検定試験2級は取得したい

誰でも「ネイリストです」と名乗ることができてしまう業界だからこそ、ネイルの確かな知識と技術を持っている証として認定資格は重視されています。

ネイルの検定・資格はたくさんありますが、各メーカーや団体による認定資格も含

まれています。その中でも**「ネイリスト技能検定試験」**は国家試験ではありませんが、ネイルの正しい技術と知識の向上を目的として、１９９７年にＪＮＡによって創設された歴史のある検定試験です。２００８年には「日本ネイリスト検定試験センター（ＪＮＥ）」に主催・運営が移管されました。その後、２０１２年には内閣総理大臣により公益財団法人として認証を受けて、現在の「公益財団法人日本ネイリスト検定試験センター（ＪＮＥＣ）」になり、より公的な意味のある試験になりました。

ネイリスト技能検定試験には、ネイルの技術・技能・知識のレベルに応じて、３〜１級の等級があります。

３級：ネイリストベーシックのマスター
２級：サロンで通用するネイリスト
１級：トップレベルのネイリスト

サロン就職では、信頼できるネイリストを採用するために、検定資格を条件にすることが多くなりました。「ネイリスト技能検定試験２級以上取得者」を採用基準にしているサロンが大半なので、プロを目指すなら2級は取得しておきたいものです。

「JNAジェルネイル技能検定試験」は、近年のジェルネイル普及にともない、2010年にスタートした検定です。ジェルネイルはネイルサロンの中心的なメニューになっていますが、知識不足などでトラブルも発生していたので、お客様が安心して施術を受けられる技術と環境を普及するために実施されるようになりました。

JNAジェルネイル技能検定試験には、ジェルネイルの技術・技能・知識のレベルに応じて、初級・中級・上級があります。

初級：ジェルネイルを施術するための基礎的知識と技術の修得
中級：サロンワークに必要なネイルケアとジェルネイルの専門知識・技術の修得
上級：ジェルネイルのスペシャリストとして必要とされる総合的知識・技術の修得

どちらの検定試験にも、実技と学科があります。実技試験では、カラーリング、アート、チップ&ラップ、イクステンションなど多岐にわたり、学科試験では衛生と消毒、爪の構造、爪の病気とトラブルなどの知識が問われます。

「最短でどのくらいで合格できますか？」という質問をよく受けます。合格するかどうかは本人の努力次第として、スクールに入校するタイミングにもよりますが、２級・３級は4月、7月、10月、1月の年4回。１級は4月、10月に実施されます。そこで「弊社スクールのベーシックコースでは、最短３カ月で３級が取得できます」とお答えしています。

「ネイルスクールティアラリュクス」は、前身の「ネイルスクールティアラグレイス」のときに千葉県で初めて「ＪＮＡ認定校」になりました。その後、全国でも数少ない「ＪＮＡ本部認定校」に認定されており、「ＪＮＡジェルネイル技能検定試験」の初級・中級・上級の校内受験が可能です。

Column

ＪＮＡ本部認定校とは？

ネイル教育を行う施設として、ＪＮＡが定めた施設・カリキュラム・教育者・学則などの必須条件を満たし、高度な知識と技術を持つプロのネイリストを養成する教育施設です。ＪＮＡでは、ネイリストを志す方たちが正しい教育を受けることができる学校を認定することにより、社会的により信頼できるネイル教育の普及を目指しています。

なかでも、**「JNA本部認定校」**は、JNA認定校の中でもとくにネイル教育に関する長年の実績と高い水準の教育を維持している教育施設です。

開業の前に、店舗のサロンワークで経験を積む

「早く開業したい!」という気持ちは分かりますが、やはりネイリストの修業として、サロンで経験を積むのは必要ではないかと思います。ネイリストとしての「開業スタイル」はいろいろありますが、すべての基本となるのはサロンワークです。

ネイリストは、技術職というよりは接客業です。ネイルの技術だけでなく、マナーや会話術、柔軟な対応力など、接客も大切です。それには、サロンで実際にお客様に対応するのが一番勉強になります。独立開業してからだと、なかなか他店の内部を知

第1章 第2章 第3章 第4章 第5章 第6章 第7章

ることはできないので、サロン勤務の期間に、自分が開業したときのためにネイル技術だけでなく、接客技術も学んでください。

私もサロン勤務で学んだ接客のマナーや言葉遣いは、本当に勉強になりました。また、サロン勤務時代の仲間は、開業後の人手不足のピンチなどを助けてくれました。「仲間づくり」という意味では、ネイルスクールやサロン勤務は経験したほうが良いと思います。

ネイルサロンへの就職活動としては、スクールに通っている場合、スクールに来る求人情報が安心かつ信頼できます。他にも美容系の求人情報誌、求人サイトも数多くありますし、気になっていたネイルサロンに飛び込んで、直接、採用の予定があるか聞いてみるのも良いと思います。

ただ「将来、開業したい」という場合は「独立開業を視野に入れたサロン就職」ということですから、サロンを選ぶ視点は普通の就職と違うはずです。そのサロンで長く働きたいのであれば、給与や待遇、勤務時間などは重要な条件ですが、「修業」が目的なら「何を学びたいか」を重視したほうが良いので、こんなポイントで実際に下見をしましょう。

●お客様がたくさん入って、賑わっているか

●お客様として入ってみて、居心地が良いか（ジェルネイルだと頻繁には行けないので、ネイルケアやフットで施術を受けてみる）

●ネイルのテイストが自分の世界観に近いか（ピンクでかわいい感じ？　ハードなパンク系？　個性派アート？　お店の雰囲気やサンプルを見て判断する）

●運営会社のコンセプトが自分の価値観に合うか（単価高めでもゆっくりゆったり？　安めでフル回転？）

●スタッフ同士のやりとり・雰囲気（チームワークは良さそう？　仕事ができる店長？）

開業前に修業したサロンは、独立後、自分のサロンの運営の参考になります。〝残念なサロン〟で働くことになれば、それはそれで反面教師として「私のサロンはあんなふうにならないように改善しよう」と勉強することもできますが、できれば自分の好みのネイルを数多くこなせて、レベルの高い先輩と働きたいものです。

すでにネイリストとして、サロンなどでお仕事をしながら「開業」を考えている人なら、お客様から指名をもらえるように、自分のファンを増やす努力をしましょう。私の経験ですが、自分の顧客（開業してから来店してくれそうなお客様）が10人ぐらいいれば、開業しても何とかやっていけると思います。

逆に、今指名がないようなら、独立開業にはまだ少し早いかもしれません。技術面を磨くのはもちろんですが、接客も含め、開業前にあなたのファンを増やす努力をしてみてください。

ティアラリュクスは信頼のＪＮＡ認定校

ネイルスクールティアラリュクス本八幡校は、２００６年7月にスクールを開校した翌年の２００７年に、千葉県で初めて日本ネイリスト協会（ＪＮＡ）認定校に登録されました。それから14年間、現在ネイルスクールティアラリュクスは成田校、稲毛海岸校、茨城校、埼玉校があり、各校で数多くの生徒さんが学び、プロのネイリストとして育っています。

２０１８年には本八幡校が千葉県唯一のＪＮＡ本部認定校として登録されました。長く愛され続ける最大の理由は、ネイルを学ぶ最高の環境およびスクール講師のレベルの高さはもちろん、在校生や卒業生からの紹介でスクールに通い始める生徒さんが非常に多いことです。

■スクール選びこそがネイリストへの道を左右します

ネイルスクールティアラリュクス本八幡校は、検定試験を実施するために必要な条件を満たした教育施設と認められ、ネイリスト技能検定試験会場（３級）に登録されています。

ＪＮＡジェルネイル技能検定試験、ネイルサロン衛生管理士講習会、ＪＮＡフットケア理論検定試験もティアラリュクス校内で受験・受講できます。遠くの会場に行かなくても、環境の整ったいつもの教室でリラックスして試験を受けられることが最大の魅力です。

またプロのネイリストとして必要なスキルはすべて学べます。「検定対策授業」はもちろん、就職や独立開業後にも役立つ多くの「特別授業」や各種セミナーも毎月開催しています。

趣味でネイルを学びたい方からプロネイリストを目指している方まで、幅広い層の方々にネイルの技術はもちろん、サロンワークで必要なすべてを惜しまず伝えさせていただいております。卒業後は、スクール内併設のアカデミーサロンで経験を積むことができ、双方の希望が合えばネイルサロンティアラリュクスへの就職も可能です。

ネイルスクールティアラリュクスは、ネイリストになりたい方を全力で応援します。

第2章

あなたに合った開業スタイルでスタート!

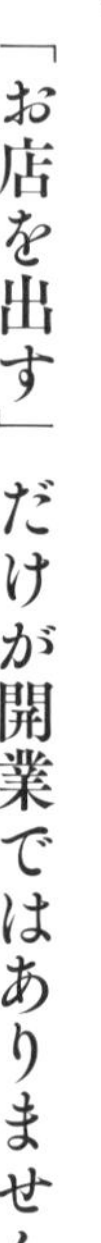

「お店を出す」だけが開業ではありません

「開業＝お店を出す」と考えている人は多いと思います。
「不動産屋さんに行って相談したり、店舗の物件を探すなんて敷居が高い」
「店舗を借りて、内装工事をして、家具を入れるなんて、ムリムリ。資金もないし、失敗したらどうしよう……」

もし、そんな思い込みで最初から開業を諦めてしまう人がいるとすれば、それは残念なことです。「ネイルサロンで働く」ことから卒業して、ネイリストとして独立して「個人事業主」となって営業を始めれば、それだけで「開業」になるのです。

実は、ネイルサロンは美容系サロンの中でも、比較的簡単に開業できるといえます。ヘアサロンは美容師免許が必要な上に、シャンプー台や大きな鏡など設備にもお金がかかります。アイラッシュサロンはベッドだけあればできますが、美容師免許が必須です。エステティックサロンは、場合によっては高額なエステ機材が必要だったり、それなりの広さと設備が必要になります。

その点ネイルは、ネイル道具一式と施術用のテーブルとイスがあれば、ちょっとしたスペースでも〝開業〟ができます。もっと言えば、テーブルとイスを置くスペースがなくても、ネイル道具一式をカバンに入れて持ち歩き、依頼された場所に出向く「出張ネイリスト」も〝開業〟ですし、自宅の一室で、お友達や知り合いに来てもらって「自宅サロン」にするのも〝開業〟です。

このようにネイルサロンには、さまざまな開業スタイル（店舗形態）があります。なかには「ネイルができるスペースがあるけど、お店を出してみない？」と周りから勧められたり、誘われたりすることもあるかもしれません。それも立派な開業です。

まずは、いろいろな開業スタイルのメリット・デメリットを知った上で、最初からあまり無理のない、自分の目的に合った開業スタイルからスタートしてみてはいかがでしょうか。

あなたは、なぜ開業を考えているのですか？

あなたが開業する「目的」は、どんなことでしょう？　その目的によっても、開業スタイルは変わります。

「自分の好きなときに仕事をして、自由に休みを取って、旅行や趣味も楽しみたい」
「子どもが小さいので、自分の都合で休めるようにしたい」
「自分の好きなデザインで、自分の世界観で自由にネイルをしたい」
「サロン就職ではなく、一人でのんびりやりたい」
「将来は、自分ブランドのネイルサロンで店舗展開をしていきたい」

もし、自分の都合で働ける〝自由〟が目的の開業であり、多くの利益を望んでない、もしくは見込んでいないのであれば、家賃などの毎月の支出を抑えられる自宅での開業が適しているかもしれません。

「休みがそれほど取れなくても良いから、できるだけ多くの人にネイルをして、自分のファンを増やしたい。将来は自分のサロンを持ちたい」という〝独立志向〟であれば、スペースの広さは別として、人通りの多い場所で店舗での開業が向いているでしょう。

目的と同時に、「開業資金」も開業スタイルを決める大きな要素です。

仮に駅前の一等地で路面店舗を出したいという夢があっても、当然ですが資金がなくては難しいです。融資を受ければ開業資金を多くすることはできますが、毎月の返済の負担が大きいと売上を上げることに追われてしまいますし、マイナス営業が続けば、いずれは経営が難しくなってしまいます。せっかく夢を叶えるために開業したのに、「無理をして閉店」では残念です。

「借金はしないで、手持ちの貯金だけで開業したい」という場合は「自宅サロン」も開業資金を抑えられる一つの選択です。ネイル道具一式さえ揃えれば、依頼された場所に出向く「出張ネイリスト」として仕事をすることも可能です。

最初は〝店長兼従業員一人の小さなサロン〟でも、利益が出ればもっと大きい店舗に移転できますし、大きい店舗でスタッフを雇うようになるかもしれません。何年か後には2店舗目を出店して、将来は多店舗展開するネイルサロンの代表になっている可能性もあります。

私もその一人です。現在18店舗のネイルサロンを持つ私のスタートも、いわゆる「自宅サロン」からでした。自分に合った開業スタイルでスタートできるのも、ネイルサロンの良いところではないでしょうか。

出産後も自分のペースで働き、開業につなげる

ここで、私の「開業物語」を少しだけお話しします。

「ネイリストになる！」と決心した私は、ネイルスクールで1年間勉強をして、卒業後、ネイルサロンに就職しました。ネイルサロンを一緒に卒業した友人に誘われて、縁あって表参道の高級ネイルサロンのオープニングスタッフとして働くことになりました。

そのサロンは、大理石の床と壁、イタリアの高級メーカーの家具、というゴージャスなインテリアとラグジュアリーな雰囲気で、お客様を夢見心地にするには十分な空間でした。1990年代の初め頃、ネイルサロンは「限られた一部の女性が行くところ」という特別感がありました。そのお店も、著名人の奥様や芸能人が来られていたこともあり、高級なネイルの材料を扱い、最高の技術を提供していました。また、お客様に対する挨拶、言葉遣い、会話の話題、お話を聞くときの表情なども、このラグジュアリーなサロンで身につけることができました。

そのときに学んだことが、ティアラグレイスの理念でもある「すべての女性はお姫さま」の接客にも少なからず反映されています。

お客様が喜んでくださることが嬉しくて、私は毎日一生懸命働いていました。当時は独立開業なんて夢にも思わず、3年間楽しく働きました。

そんな私も25歳で結婚して主婦になりました。専業主婦になると、夕食の支度、洗濯、掃除のことばかりを考える日々でした。主婦の毎日も充実しているけれど、やっぱり仕事をしていたほうが楽しいということを実感して、その後、また近くのネイルサロンやエステサロンで平日にネイリストとしてアルバイトを始めました。

専業主婦だった私は「よし、出産しても働き続けよう！」と密かに決意していました。〝密かに〟と言うのは、声に出すと母から反対されるのが目に見えていたからです。そして、妊娠を機に仕事から離れていたのですが、娘が1歳になる頃、私は娘を保育園に預けて、またネイルの仕事に復帰しました。

「子どもを預けてまで働く必要があるの？」

専業主婦で子育てに専念してきた母は、やはり大反対でした。お金が欲しいから働きに出るのではなく「ネイルの仕事をするのが楽しくて、好きだから働きたい」それがすべてでした。私にとって、ネイル以外の仕事は選択肢にありませんでした。

考えてみれば、女性には〝開業〟以前に、「出産か仕事か」という選択が必要な場合があります。私は、「どうして片方しか選べないのだろう？　その気さえあれば、両方を選択できるはず。多少の努力と工夫をするだけで〝好きなこと〟〝楽しいこと〟ができるのだったら、いくらでも頑張れる！」と思いました。

「1歳の子どもを預けてまでも続けたい」と思えたのは、まさに〝好きなこと〟だったからとも言えます。反対する母には「私だって、子育てが大切だって分かってる。だから、仕事は保育園に預かってもらう時間だけにする」と約束しました。

出産後、お台場のホテル内のネイルサロンで、雇用形態をアルバイトに切り替えて、週3日で働き始めた私は、その後、知人の紹介で新規に立ち上げるサロンのお手伝いに誘われました。

「あなたの家の近くでお店を出す人がいるけど、そこでネイルをしてみたら?」

家から2駅隣でした。お台場とそのお店の掛け持ちを何とかできそうだったこと、オーナーはエステが専門でネイル部門を任せたいというオファーだったこともあり、引き受けることにしました。オーナーは私より年上の女性でしたが、とても優しく、叱られたことはありませんでした。そのおかげで、私は気持ちよく仕事ができましたし、「このオーナーのためにも頑張ろう」と思えました。

いつもオーナーから「ありがとう」と言ってもらえた経験は、私がオーナーになってからスタッフに接するときのお手本にもなりました。サロン開店の一部始終を見て実務的に勉強になったのはもちろん、オーナーとしてスタッフにどう接したらお互いに気持ちよく働けるかを、自分がスタッフとして感じることができたのは貴重な経験でした。オーナーも3人の子育てをしながら仕事をしていたので「私にもできる」と励みになりました。

先ほど述べたとおり、開業の前にどんなサロンで働いたか、どんなオーナーに出会ったかは、自身のサロン運営において大きな影響を与えます。もし働くサロンを選べるのなら、あなたが将来開業したいと思い描いているサロンに近いタイプのお店に就職すると、良い修業になると思います。

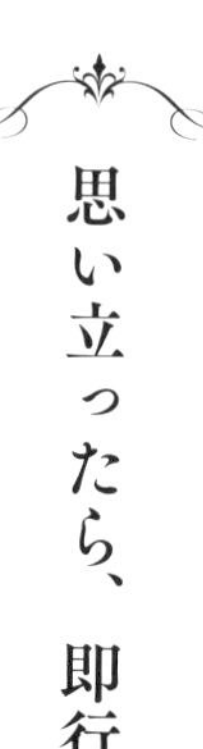

思い立ったら、即行動！

当時の私は、ホテルとお店を掛け持ちしていましたが、この他に休みの日には出張ネイルをしたり、お友達に自宅に来てもらってネイルをしてあげることもありました。私はネイルが好きで、お客様が私のネイルで喜んでくださるのが嬉しくて、保育園に娘を預けている時間は目いっぱい働きました。次第に、10人ぐらいの固定のお客様ができました。

その頃から「生活空間が見えてしまう自宅ではなくて、他の場所があったら良いなぁ」と思うようになりました。そして、固定のお客様が増えてきた頃、周りからも

「独立したら良いじゃない？」「お店を持ったら良いのに」と言われるようになったこともきっかけとなって、開業に向けて動き出しました。

「動き出す」と決めたら即行動の私は、すぐに不動産会社に飛び込みました。不動産会社の担当の方に「ネイル？　ネイルって何ですか？」と尋ねられるほど、まだネイルが普及していなかった時代でした。「これだ！」と思える物件に巡り合うまで、自分の足で何軒も不動産屋に飛び込みました。その甲斐あって、納得する物件に出会うことができて、私は自分のお店を持つことになりました。

ついに開業です！　詳細や続きは後ほどご紹介します。

私の開業は、最初から店舗を出したのではなく、他店での修業、出張ネイルや自宅サロンという段階を経ての出店でした。開業スタイルは「一度決めたら、ずっと同じスタイル」ではなく、ライフスタイルや生活環境の変化とともに「徐々に変えていく」ことを視野に入れても良いと思います。

「まずはやってみる」。私はそういうスタートでした。

無理のない開業スタイルからスタート！

開業にはいろいろなスタイル（店舗形態）があります。路面店舗を出すイメージから離れて、「小さな開業」から「大きな開業」まで紹介します。

【出張ネイル】

自分のサロンを持たず、ネイル道具一式を持って、主にお客様の自宅に訪問（出張）してネイルをします。自分で施術スペースを用意する必要がないので、ネイル道具をすでに持っているなら、開業の初期投資はほとんどかかりません。まさに、身一つですぐに仕事を始められます。融資の返済や家賃の心配はなく、開業のリスクは少ないので、独立の第一歩としては無理がないスタイルです。

私も経験しましたが、サロン勤務を辞める前にアルバイト的にやってみるのもお勧めです。〝出張スタイル〟が自分に合うか合わないかの見極めにもなりますし、この期間にネイルをさせてもらったお客様は、将来、自分のサロンを開業したときの顧客にもなり得ます。

出張ネイルは簡単にできそうにも思えますが、営業ルートは人脈です。口コミや紹介に頼ることになりますので、自分でも「出張ネイルをしています」と宣伝できる営業力も必要です。

また、お客様がネイリストを自宅に招き入れるということは、どんなリクエストにも応えてくれる高い技術はもちろん、安心・信頼できる人間性であるかどうかも大きな判断材料となります。ですから、お店を構えないものの、技術力やマナーは期待を裏切らないレベルが求められます。

出張先が多くなってくると、移動に時間がかかるようになります。仕事が忙しくなるにつれ、移動時間の計算をしたり、自分でスケジュール管理をする能力も必要です。出張形式で自由度が高くなるはずが、移動時間や移動にかかる手間や経費などで逆に落ち着かず、収入も安定しないということも考えられます。もっとも「1カ所でジッとしているより、知らない場所へ行くことが好き」という性格の人なら、出張という形態を楽しめるかもしれません。

「出張ネイル」といっても、「お友達の家に行ってネイルしてあげる」程度から、〝芸能人御用達〟で特定のタレントの専属になるようなケースまであり、「出張ネイル」という形態は未知の世界に羽ばたいていく可能性もあります。

【自宅サロン】

自宅の一室、もしくは一角を使ってネイルをする「自宅サロン」は、友達やお知り合い、近所の方々などを対象に、気軽にスタートできることから、このスタイルで開業されているネイリストはとても多いと思います。出張スタイル同様、家賃がゼロであることは「家賃分を稼がなくてはいけない」と気負わなくてすみますし、スタートで資金が少ないうちは大きなメリットがあります。

自宅サロンの場合、用意するのは施術用のテーブルとイスぐらいで、初期投資も少額で済み、「小さな子どもがいて、外に出られない」「自分のペースに合わせた時間だけやりたい」という方に向いています。もちろん、休みたいときに休めて（予約を入れなければ良いだけ）、完全に自分の自由に運営できるのもメリットです。

宣伝については、ホームページや広報誌などに自宅の住所を掲載するのはリスクがあるので、口コミに頼ることになります。最近はＳＮＳの普及もあって、気軽に情報発信ができるものの、肝心なサロンの場所（自宅）までは発信しづらく、店舗型のサロンよりは新規のお客様へのアプローチが難しいといえます。

したがって、自宅サロンであってもネイルサロンとしての経営を成り立たせていきたいと思う場合、飛び込みのお客様を見込むのではなく、固定客の確保が大切です。

また、いくらサロンにしているといっても、自宅に他人を招き入れるのは何となく気が引けるものです。私も自宅でネイルをしていた時期、「うちの中を見られるのは、恥ずかしい」と思っていました。外の物件を探しに行ったのも、このような思いが理由の一つです。

自宅サロンのデメリットとして挙げるとすれば、友人をお客様にした場合、友達価格が抜けない可能性があることや、初期投資が少ない分「何が何でも利益を出さなくては！」という意識付けが難しいので、「安易に始めて、いつのまにか自然にクローズしていた」ということも多々あります。そうならないように、固定支出がなくても、事業計画を立てて、売上の目標を掲げてみましょう。自宅サロンを経験して資金が貯まったら、〝自分のサロン〟という次のステップも目指せます。

【マンションの一室でサロン】

自宅ではなく、マンションの一室でサロンを開業する方法もあります。このようなスタイルで開業している方もたくさんいらっしゃいます。テナントの一室を借りるよりは契約金をはじめ家賃を低く抑えられるうえに、住所を公開できるので知り合いではないお客様も気兼ねなく集客できます。自分の世界観やセンスを表現できる「サロン」への第一歩。店舗ではなくても自分の立派なお店です。自宅と別に仕事場を借りることで、気分も仕事モードになります。

商業ビルのテナントよりは安いものの、毎月の家賃が発生しますから、事業計画はしっかり立てる必要が出てきます。サロンとしての体裁を整えるため、家具や備品を購入するので初期投資もかかりますが、路面店舗に比べれば、かなり抑えられます。とはいえ、賃貸物件なので、基本的に壁紙やドアなど、内装に手を加えることができない物件も多いです。

また、マンションの場合、注意しなくてはいけないのは「その部屋で営業活動をして良いのかどうか」です。契約書だけでなく、大家さんの同意、マンションの管理規約の確認が必要です。住居として借りている部屋を商用利用するのは、原則的には契約違反になってしまいます。黙って営業をしてしまうのは、後々トラブルになりますし、堂々と宣伝もできないので、店舗として営業可能なマンションを借りることがベストです。看板を掲げられるかどうかも、要確認です。

【ヘアサロン・カフェなどの一角に併設サロン】

ヘアサロンの一角に施術スペースを借りるのも、無理のない開業スタイルです。そのヘアサロンの店名も借りて、姉妹店のように開業する場合もあれば、ヘアサロンとは全く関係なくスペースだけを借りる場合もあります。

サロン開業の第一歩として、リスクも少ないのでお勧めです。ヘアサロンのほうでも、イスやスペースを空けておくのはもったいなく、お互いにメリットがあります。アイラッシュサロン、エステサロンでの併設も同様です。賃料を支払うのか、売上の何%かを支払うのか、店舗のオーナーと条件を交渉することになります。

最初から、ヘアサロンやアイラッシュサロンを開業したい人と組んで「共同経営者」という対等な立場で店舗をスタートすることもできると思います。

その場合、営業時間・定休日などは合わせる必要はあります。ヘアサロンやアイラッシュサロンのスタッフとコミュニケーションを図って、サロン全体の調和に気を配ることも大切です。協力できる体制になれば、お互いの顧客を紹介し合え、もっと進めば、アイラッシュとネイルの同時施術も実現できます。サロン内でお互いにメリットが生まれれば、リスクが少なく運営できる開業スタイルです。

最近では、おしゃれなカフェに併設されているネイルサロンも話題を集めています。周囲にアンテナを張って「お店を出す」という人がいたら、ネイルサロンを併設できそうなお店かどうか、声をかけてみるのも開業のチャンスにつながるかもしれません。

【商業施設内の店舗サロン】

ショッピングセンターやデパートの一角に、ネイルの店舗を出すことがあります。カウンターでお客様がネイリストと対面してネイルをしている光景もよく見かけます。

この形態のメリットは、ネイルサロンとしての認知度アップと、商業施設のお客様を誘致できることです。ただ、法人でないと難しく、初めて開業するサロンとしては進出しにくいかもしれません。

【路面店舗サロン】

店舗用の物件を借りて、店舗として開業すること。つまり自分のお店・自分のサロンです。これはネイリストだけでなく、独立開業したい人の夢ではないでしょうか。お店のコンセプトも自分で考えて、インテリアや家具、ネイルデザインのすべてを自分の世界観で実現できるというメリットがあります。初期投資は大きくなりますが、その分、覚悟とやりがいが生まれます。

スタートは店舗を構える物件探しです。不動産会社との交渉から、融資の申し込み、内装の手配、設備・什器の購入など、開業までにやることはたくさんありますが、それも楽しい忙しさです。すべて自分の意思で決定でき、営業時間も休みも自由に決められます。

店舗開業は、最も資金が必要です。借りる物件がスケルトン（店舗の内装設備がない状態）なのか、居抜き物件（前に入っていたお店の内装や空調設備、什器などが残ったままの物件。最小限の手入れですみ、すぐに営業可能なこともある）なのかでは、かかる費用は全く違います。逆にいえば、居抜き物件をうまく探せば、資金があまりなくても店舗サロンを開業できるということです。

初期費用は抑えられたとしても、毎月の固定支出として家賃・光熱費の他に、融資を受ければ毎月の返済が加わることがあります。赤字にならないように経営していくためには、ちゃんとした事業計画書を作成し、「毎月の売上目標」をクリアしていかなければなりません。もっとも資金がかかる開業スタイルなので、閉店になるリスクが高いというデメリットがあります。また、契約終了時にかかる原状回復の費用も見込んでおく必要があります。

第4章で、路面店舗での開業を想定した具体的な準備について説明します。

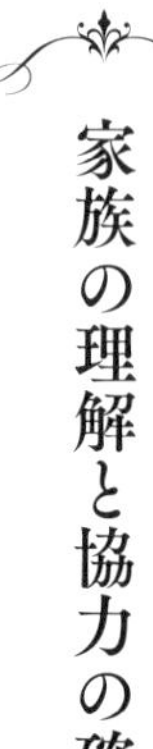

家族の理解と協力の確認

いろいろな開業スタイルを紹介しましたが、あなたが今どんな立場にあるかも開業のスタイルを決める大きな要素です。

どんな仕事であっても、女性が働くことを継続できるかの岐路に立つのは、「結婚」「出産」「子育て」の時期です。特に「出産」と「子育て」に関しては、どんなに自分だけが頑張ったとしても、周りの協力と理解がなくては乗り切ることができません。

私の場合、どうしてもネイルの仕事を続けたかったので、家族に自分のやりたいことを相談し、保育園に入れて働き続けました。確かに大変なこともたくさんありましたが、続けたい意志があれば何とかなるものです。家族や両親は私の強い意志を理解し、保育園に預けている間、働く私を見守ってくれていました。「諦めないこと」は大切です。

どんな起業スタイルだとしても「開業」に踏み切ったら、家族に影響が出ないわけはありません。「自宅サロン」だとしても、たまたまお客様と家族が鉢合わせになることもあるでしょう。外でサロンを開業すれば、家族の休日でも自分は出勤したり、帰宅時間が遅くなることもあるかもしれません。

ですから、家族とのコミュニケーションをきちんと取り、仕事について理解してもらうのは、開業の準備段階で大切なことです。できる限り協力してもらえるように家族からの理解を得ることで、円滑に仕事ができるようになると思います。

第3章

ティアラ1号店はこんなふうに開業しました！

「自宅以外でネイルができる場所があったら良いなぁ」と開業へ

私が自宅でネイルをするようになって、毎月定期的に来てくださるお客様が10人ぐらいになった頃でしょうか。私のネイルのファンだと言ってくれる方からも「独立してお店を持ったら良いのに」と言われることが増えました。私自身も「家の中が見えてしまう自宅じゃなくて、他の場所があったら良いなぁ」と思い始めていました。「何が何でも開業したい！」と強く思っていたわけではないのですが、いったん「他の場所が欲しい」と思ったら、行動しないと気がすまない性格なので、気がついたら足は不動産会社に向いていました。

まず飛び込んだのは、近所の不動産会社でした。子どもの保育園の送迎の都合もあるので、なるべく自宅から近い場所で物件を探し始めました。

「ネイルサロンをするための物件を探しています」と伝えたのですが、担当者は「ネイルって何ですか？」とピンと来ていないようでした。しかも、私のような女性が事業用に不動産を借りることが少なかったからでしょうか。「はいはい、良い物件が出たらお知らせします」と、まともに取り合ってもらえませんでした。とりあえず「家賃10万円ぐらい、広さは10坪ぐらいでお願いします」と希望条件を伝えたものの、その後返事はなし。返事を待っている時間すら惜しくて、他の不動産会社を当たってみました。

今度は駅の反対側に行ってみることにしました。すると、そこでは私の話を真剣に聞いてくれたのです。最初の不動産会社とは大違いの対応に驚きながらも、1軒目で諦めなくて良かったと思いました。

「ちょうど良いブティックの居抜き物件が出ますよ」

「本当ですか？　ぜひ、見せてほしいです！」

こんなやり取りをして早速紹介された物件。行ってみると、自宅の隣駅で保育園の送り迎えにも便利な立地に加え、広さも10坪。一人でネイルをするならちょうど良いスペースでした。内装もほぼそのまま使えそうです。まだ営業中だったものの、そのブティックをひと目で気に入ってしまいました。こんなにタイミング良く、すぐ気に入った物件が見つかるなんて運命を感じました。

さらに、そのブティックのお向かいには、ウッド調の素敵な雰囲気の喫茶店がありました。ＣＵＰという名前のとおり、お客様に合わせてカップを選んで出してくれるオシャレなお店でした。最初に訪れたとき、お店の方が私のために選んでくださったものがピンクのローズ柄のかわいいカップだったことは忘れもしません。

「こんな素敵なお店のお向かいなら大丈夫！」

私は、根拠のない自信とワクワクを抑えることができませんでした。

それからこの喫茶店には、何回も通いました。店内からお向かいのブティックを眺めて「どんな人が来るのかな」と観察していると、その喫茶店の近くに私立の幼稚園や小学校があり、お店はそこに通うママたちの待機場所になっていることが分かりました。

「このママたちがうちのお店に寄ってくれるかもしれない。やっぱりここが良いかも。ここしかない！」

そのときには、もう決意は固まっていました。

ところが、「借りたい！」という気持ちは固まったものの、この物件を借りるお金がありません。

当時、この物件を借りるのに、家賃11万円、保証金6カ月分（＝66万円）、仲介手数料11万円、前家賃11万円で、合計99万円が必要でした。不動産物件は、迷っている間にも他の借り手がついてしまうことは多々あります。本当は急いで契約をしたかったのですが、当時の私は貯金もほとんどなく、さすがにその場では決めることができませんでした。

物件の賃貸借契約にかかる費用だけでなく、開業に必要な内装や家具・備品、ネイル材料一式を購入すると、ざっと計算しただけで約２００万円は必要でした。もともと開業資金があって店舗での開業を思い立ったわけではないので、もちろんそんな資金はありません。

できない理由を考えるより、できることを探すことが得意な私。何の知識もなかったけれど、「お金を借りるなら銀行！」と考え、近くの銀行に直行。1階の窓口の女性に単刀直入に聞きました。

「どうしたらお金を借りられますか？」

窓口で突然こんな質問をする私に、窓口の女性もおそらくビックリしたと思いますが、丁寧に応対してくれました。

「融資相談は2階へ行ってください」

2階の融資窓口では、担当の若い男性が、私の「ネイルサロン開業計画」を意外にも真剣に聞いてくれたのです。後々聞いて分かったことですが、その男性の彼女が化粧品の美容部員で、ネイルというものに知識と理解があったこともラッキーでした。

私の説明が一通り終わると、

「なるほど、分かりました。では、まず『事業計画書』を提出してください」

「事業計画書？　何ですか、それ？」

「銀行としては、うまくいくかどうか分からない事業に開業資金を貸すことはできません。お金を借りるには、まずは『事業計画書』の提出が必要なんです」

「事業計画書……」

当然、初めて聞く言葉です。

「事業計画書」で、目標を数字に落とし込む

ネイルサロン開業に関しては、家族に相談しました。もともとネイルが好きでアルバイトをしていたので、夫は特に反対することもなく、むしろ賛成してくれました。同時に、私の父は会社を経営していたので、経営者の先輩として相談をしたところ「やってみれば良いじゃないか」と背中を押してくれ、必要な資金を貸しても良いとも言ってくれました。

正直、父にお金を借りれば「事業計画書」を作成する必要はなくなるのですが、サロンを開業した他の人たちはやってきたことです。「まずは自分でやってみたい！」「私にだって、できるはず。なんとかなる！」と思ったので、父から借りるのは、銀行から融資が受けられなかった場合にしようと決めていました。このとき、私は新しいチャレンジにワクワクしていました。

実は、事業計画書を作成するにあたって、書き方を教えてくれそうな人は浮かんでいました。いとこのご主人が美容室を経営していたので、そのいとこに開業経験者と

して相談に乗ってもらうことをお願いしたのです。そうして、事業計画書を見様見真似で作成しました。

どんな事業計画書であっても、そのときに必ず明記しなくてはいけないのが「月間売上計画」です。そんなに難しいことではなく、簡単に言えば、材料費や家賃などの毎月の経費に自分が希望する収入を加えれば、それが1カ月の売上目標になります。それを営業日数で割れば、1日の売上目標が出ます。例えば「1日あたりの売上は、240000円」だとした場合、「客単価8000円なら1日あたり3人のお客様」に来てもらわなくてはいけません。

事業計画書を作成してみたら、目標が明確になり、私の場合は「これだったらできそう」と自信が持てました。〝資金が必要になって銀行に行ったら、事業計画書が必要なことを知った〟という流れでしたが、事業に取り組むにあたって数字を把握するというのは大切なことです。

もし、当時の私に資金があって事業計画書の存在を知らずに開業していたら、もしかしたら失敗していたかもしれません。失敗はしなくても、多店舗展開が難しいものになっていたかもしれません。

仮定の話なので分かりませんが、一つ言えることは、お金がなかったからこそ事業計画書を作るという経験ができたのであって、今となっては資金がなかったこともラッキーだと思っています。

ですから、開業するにあたり、融資を受ける必要がない人も「月間売上計画」を作成してみると良いと思います。例えば、「この売上目標だと、客単価をもう少し上げなくては」というように、数字としての事実が見えてくることもあるでしょう。

話を戻しますが、貯金がない私は、開業するための資金を調達するために、必死に事業計画書を完成させ、銀行の融資を申し込みました。結果「250万円ぐらいは融資できると思いますよ」と担当者は言ってくれたのです。

融資の目途がついたことで、無事、物件の申込金を支払うことができました。こうして、店舗を出す「場所」と「入居開始日」が決まりました。

手探り・手作りでお金をかけずに開店準備

事業計画書を銀行に提出してから約１カ月後に決済が下り、２５０万円を借りることができました。

物件の引き渡し日が決まればその日から家賃が発生するので、できるだけ早くオープンしたほうが無駄な経費がかからないですし、早く資金の回収ができます。私の場合は契約をしてから20日後ぐらいに「オープン日」を設定しました。居抜き物件で備品だけ購入したら何とか開業できる状態だったことと、前入居者（ブティック）がキレイな内装状態で工事を入れる必要がなかったので、このスケジュールが実現しました。物件引き渡し日から１カ月かからずにオープンできることは、なかなかないと思います。

肝心の内装ですが、やはり夢を叶えて作る自分のお店ですから、存分に理想の空間を実現させたいところです。でも、資金が潤沢に使えるなら内装にこだわってお金を使うこともできますが、一般的に、スタートアップの個人事業主はそこまで金銭的な余裕はありません。内装は豪華にしようと思えばいくらでもできますが、初期投資にお金をかけ過ぎると返済が負担になり、運営費がショートする可能性があります。万が一にも閉店するときに、退去時の「原状回復費」が支払えないという事態もあり得ます。

先ほど述べたとおり、銀行から開店資金をギリギリで借りた私は、最低限の家具や什器を揃えて、できることは自分でするつもりでした。

真夏の暑いなか、汗を流しながら茶色の扉を白色のペンキで塗り替えたり、3段のカラーボックスに板を載せ、白ペンキで塗り替えて手作りカウンターを作ったり……。できることは全部自分でやりました。私にとって初めてのお店は、ほとんどが手作り。でもこういう作業すらもワクワクしてとても楽しくて、つらいとかしんどいなんていうことは少しも感じませんでした。

購入したのはテーブル1つとリクライニングチェア1つでしたが、シャンデリアだけは奮発しました。私がどうしてもこだわりたかったアイテムだからです。その他、ネイルの施術に必要な道具一式や消耗品は「出張ネイル」をしていたので、ある程度はそろっていました。

その結果、初期投資はだいぶ抑えることができました。

自分の思いを込めて、コンセプトと店名を決める

実は、店舗設営の前に進めなくてはいけないのは、お店のコンセプト作りや店舗名決めです。看板やチラシなどを作成するにも、お店の名前は必須です。

店舗名は、ただ「ゴロが良い」とか「なんとなくオシャレ」ではなくて、自分の思いを込めたい部分です。

コンセプトとは、「このお店は、こういう思いで、こんな方に、このようなサービスや価値を提供する」という明確な方向性や考え方です。最初にコンセプトが決まっていると、ターゲットが決まります。店舗名だけでなく、お店の内装やインテリアもすんなり決まっていきます。

とはいえ、当時の私はコンセプトやターゲットを明確に意識しているわけではなかったのですが、ただ、最初から「お客様をお姫さまにしよう」「まずは、この町のすべての女性をネイルで幸せな気持ちにしたい」ということだけは決めていました。

「お客様をお姫さまにするお店」なので、店名をティアラ（TIARA）にしました。

お姫さまが頭につけるキラキラしたティアラのイメージです。言葉の響きも華やかで、ネイルサロンらしく、直感で決めました。その後、ティアラは18店舗になりましたが、コンセプトと音の響きがマッチした店名にして、本当に良かったと思っています。

ティアラという店名とコンセプトが決まっていたので、お店の雰囲気も決めやすかったです。内装は白とピンクの2色を基調にして、ローズ柄やキラキラしたアイテムで統一し、天井にはシャンデリアをつけて、他のお店では見かけないような独特の空間に。店内にはロクシタンのローズの香りのスプレーを吹きかけて、良い香りの演出にこだわりました。

お客様が店内に入ると、第一声が「あ〜、良い香り！」

リクライニングチェアは最初からマッサージチェアにしていましたので
「すご〜い。お姫さまになったみたい！」

「通りがかったら、かわいい店内が見えて、何のお店かと思ったわ」

「あ〜、なんか幸せな気分になれる！」

こんなふうに言っていただけるたびに、私は嬉しくてますますネイルサロンの仕事に邁進することができました。

お店作りをする上で「どんな店が流行しているだろうか」とか、「他のお店はどんな雰囲気だろう」とかはあまり気にしませんでした。すべてはお客様をお姫さまにすることだけを考えて、私の理想を表現したものです。手作りではありましたが、お客様に私の思いは伝わっていたと思います。

開業に際しての広告や宣伝も手作りでした。パソコンやデザインが得意な友人がいたので、チラシなどの販促物はお願いして作ってもらいました。

彼女が作ってくれたチラシを自分でカラーコピーをして、駅前で手渡しをしたり、近くのお店に置いてもらったり、近所にポスティングもしました。オープンをお知らせするはがき100枚も知り合いに送りました。

「地域新聞」という地元のタウン誌にも、オープニングの告知を掲載しました。当時はWebサイトではなく、フリーペーパーだった「ホットペッパー」にも、一番小さい枠で掲載しました。「広告にはお金をかけよう」と決めていて、思いついた方法はすべて全力でやりました。

売上目標を大きく上回り、順調なスタート！

オープンは8月を予定していたので、準備をしていた7月は夏真っ盛りでした。近くで開催される花火大会の「ドーン、ドーン」という花火の音が鳴り響いていました。今でも、花火の音を聞くと、開業準備をしていた夏を思い出します。

オープンの日は、友達や母の友人など結構な数の予約が入っていました。ネイル施術なので、お客様がドッと押し寄せるような感じではありませんでしたが、営業時間内はほとんど予約で埋まっていて、本当にありがたいことに、私の予想以上に多くのお客様が来店してくださいました。事業計画書に記入した売上目標を大きく上回り、毎日予約で忙しくて、サンプルのチップを作る時間もなかったほどです。

広告の効果が一番あったのが、「地域新聞」でした。予想以上にお客様が来られて、お向かいの喫茶店で待ってもらうこともありました。あまりにもお待たせしてしまったので、ついにはその喫茶店の珈琲券を作ってもらって配ったほどです。そして、オープン初月から予想を上回る約60万円の売上がありました。そのときは、この売上が良いのかも分からないまま、無我夢中で働きました。

このようにしてスタートしたティアラですが、働くことが毎日楽しくて、気がついたら250万円の借金を、毎月5万円返済、5年間で完済していました。さらに、2号店を出店する資金も蓄えることができたのです。

あの頃、自分のお店が持てたことが本当に嬉しかったのを覚えています。あの〝ワクワク〟は今でも宝物です。すべての業務を私一人で行っていたので目の回るような忙しさでしたが、自分のネイルで目の前のお客様が喜んでくださる姿に「私がこんなに嬉しいのに、その上お金がもらえるなんて！」と感謝しかありませんでした。

だからこそ、「どうしたら、お客様に喜んでもらえるか」「ネイルでお客様を幸せにしたい」と、本当に心からそう思っていました。ネイルをすることだけでなく、お客様の話を聞くことも楽しく、自然とコミュニケーションが取れていたように思います。そんな毎日の積み重ねとお客様に支えられて、今日の「ティアラ」があります。

開業当時に私が固く決めていたのは、「営業時間は保育園のお迎えに間に合う18時まで」ということです。そのためには「人の3倍動く」ことを決めて努力していました。子どもの突然の発熱により保育園から呼ばれることもありましたが、お客様の予約をお断りしたのは、たった1回だけです。それでも事情を説明するとお客様も理解してくださいました。ありがたいことにそれ以外は大きな病気もせず、実母に助けられつつも、子育て中もなんとか乗り切ることができました。

仕事を持つ女性がキャリアを中断、諦めてしまう要因に、結婚・出産・育児が挙げられます。そして「仕事を続けられるだろうか」と悩む時期もあると思います。そんなとき、あえて「開業」という道を選択肢に入れてみてはどうでしょうか。

例えば、「保育園のお迎えの時間までに仕事を終える」ということも、会社勤めだと難しいこともありますが、自分のサロンなら自分の意志で営業日や営業時間を決めることができます。開業を大きな壁だと思わず、誰でも飛び込める自分のフィールドだと思ってください。

そして、「何とかなる」というポジティブな気持ちや「好き」という熱意も、開業には不可欠な要素だと私は思っています。

ここで、ティアラで働いたのち、独立開業した二人のネイリストの成功例を紹介します。

Column

みんな、どんな経緯で開業したの？

原山明子さん

「Salon de plage」（サロン・ド・プラージュ／千葉県船橋市）店長

【原山さんはこんな人】

男の子2人のママでしたが、「それでも働きたい！」という原山さんは私と同じ境遇でしたので、より応援したいと思っていました。原山さんのデザインはティアラのテイストにピッタリで、センスも良くて安心して任せられました。明るくて、社交的で、時々面白いことを言ってみんなを笑わせてくれたりと、いつもサロンを明るくしてくれました。独立開業してからもティアラの商品を購入してくれ、お付き合いは今も続いています。

【私はこんなふうに開業しました！】

ネイルとの出会いは、高校生のときでした。卒業後半年で50万円ぐらい貯めてネイルの学校の1年コースに入って毎日通って半年で修了しました。検定は卒業後に取りました。

スクール選択の決め手は「マンツーマン」であったこと。1年コースでも、1日2時間ぐらいレッスンを受ければ3～4カ月で消化できました。19歳の就職時は、美容関係の求人フリーペーパーで応募して何店かネイルサロンを経験していましたが、そんななか21歳で出産。落ち着いて働けませんでした。

■ママネイリストの救世主だったティアラ

一人目の子を2歳で保育園に入れて、美容院併設のサロンなどを転々として働きました。

26歳で第2子を出産したのを機に、夫が休みの日だけ週1で働けるサロンを探しました。ネイル業界は技術の進歩も早いので、現場から離れるのが怖かったのです。SNSで調べてみたりと転職活動をしていたのですが、いくつかのサロンに電話をするも、名前を言う前に年齢を聞かれることもあり、29歳で二児の母、土日も遅番もできない私は、3店続けて断られました。「ああ、私、もうネイリストとしては崖っぷちなんだ……」と痛感しました。

その後、ようやく巡り合えたのがティアラでした。ホームページで見つけて、面接に行くと、かわいい女性がフランクに面接してくれたのです。まさかオーナー（社長）だとは思わず……。週2〜3日勤務でも問題なく合格に。松岡社長は、ご自身の経験から子育て中のネイリストにとても理解があり、それが本当に助かりました。あんなにサロンを転々としていた私が7年も勤務できたのは、子育て中のママネイリストに理解があった松岡社長のおかげです。

松岡社長はご自身が新しいことにチャレンジするだけでなく、〝スタッフに新しい仕事を任せる〟ということにおいても、どんどん経験させてくれました。私が任せてもらったことは、嬉しくて今でも覚えています。

・ネイル雑誌に顔写真入りでデザインを掲載させてもらった

・新店舗オープンの手伝いをさせてもらった

・大手ネイル問屋での「セミナー講師」をやらせてくれた（普通は有名なネイリストがやるものなのに、チャンスをくれた）

松岡社長は、スタッフにやりがいを持たせてくれるのが上手だと思います。それでいて、任せっぱなしではなく、モデルが足りなかったら松岡社長自身が来てくれたり、応援もしてくれました。

ティアラで7年目、本八幡店のときです。母が病気になって余命数カ月となり、母に寄り添うためにティアラを退職しました。母が亡くなってからもネイリストに復帰する気力が湧かなかったのですが、しばらくして「やっぱりネイルの世界に戻ろうかなぁ」と思ったとき、近所の人が「空いている店舗があるよ」と教えてくれたのが今の店舗です。

■シャッター商店街なら、公的援助で資金節約

空いていた店舗は、シャッター商店街の一軒でした。すぐ隣に「ららぽーと

ＴＯＫＹＯ－ＢＡＹ」が出現して、その駐車場の裏にある商店街は閑散としてしまったのでしょう。でも結果的には、お客様にとっては、技術や価格に納得して〝顧客〟になってしまえばシャッター商店街だろうがあまり関係ないようで、デメリットよりもメリットが大きい選択でした。

シャッター商店街の復興のために、市の補助金が出ました。家賃が3年間半額で、改装費も出る。「店舗契約」ではなく、住居扱いで「アパート賃貸契約」なので保証金もいらない。店舗なら、普通50万円ぐらいの保証金が必要なところです。駅から徒歩圏内なのに、初期費用が節約できて、リスクが少ないなんて、シャッター商店街だからこそ。こんな物件は滅多にないのかもしれませんが、市から補助金が出るような「訳アリ物件」も、「通りがかりで入ってみる」ということが少ないネイルサロンなら、アリだと思います。地域ごとに、商工会議所や商工振興課で新規出店の補助や企画があるので、調べてみるとよいかもしれません。

開業の際には、できる限りの節約を考えました。家具はテーブル１０００円、ショーケース1万円など、メルカリで中古を買い揃えて白く塗り替えたりして、サロンの開業の初期費用は約120万円ですみました。借り入れしないで貯金で準備をできたので、リスクが少なく、気持ち的にラクでした。

■美容系サイトは客単価が安くても、クチコミで集客増！

最初の集客は「minimo」（美容系サロンの予約サイト）を利用しました。もともとはサロンモデルを探すためのサイトでしたが、ネイルサロン広告も載せています。一人の来客で500円支払う出来高制の料金制度です。

やはり、一番心配だったのは「お客様は来るだろうか……」。そこで「120分4800円」という安い価格設定にしたら、九十九里や佐倉などの遠くからも「交通費を出しても安い」とお客様が来られました。いざとなったら、価格を下げれば来るわけで、価格の設定は大きな要素です。リピーターになってくれなくても、とにかく空き時間を埋めたいという思いで必死でした。

うちの店のコンセプトは「気軽に通ってもらえること」。「お金がないからネイルサロンに通えない」という10～70代の人にも来てもらいたいと思っています。

アプリを使った集客で、想定外のメリットもありました。安い価格を目当てに来てくださったお客様が「安いけど、本来の高い技術を提供してくれるお店でした」と、満足度の高いクチコミをたくさん書き込んでくれて、それが今の集客につながっています。「ｍｉｎｉｍｏ」のほかに、「ネイルブック」（ネイルサロン、ネイルデザイン検索アプリ）でも集客しています。今はＩｎｓｔａｇｒａｍなどのＳＮＳの力も大きいですね。

■メリットは「自由に休みが取れる」「好きなデザインでできる」

開業するときに、松岡社長から「ネイルの需要は絶対にあるから大丈夫だよ」と言われました。「一回ぐらい独立開業してみても良いかな」ぐらいの軽い気持ちで始めてみましたが、一人なのでそんなに利益を出さなくてもなんとかやっていけます。客席数は1席で、客単価7000円弱。1日3件を目安にしています。お客様も店内に一人だけなので落ち着くし、気楽に入れるのかご年配のお客様も結構多いです。

ネイリストとして、やりたいデザインをすぐに取り入れることができるのもメリットです。自分のサロンなら、お客様の反応を見て、すぐにデザイン変更の対応ができます。

デメリットは、強いて言えば、長期の休みが取れないことでしょうか。私が長く休んでしまうと、お客様のネイルの周期が狂ってしまいますから。それは仕方がないことです。

開業の心配は「お客様に来てもらえるかどうか」でしたが、「一生懸命やってさえいれば、お客様に来てもらえるんだ」というのが実感です。

横山和美さん

「Nail Salon LIBERTE」（ネイルサロン リベルテ／千葉県四街道市）店長

【横山さんはこんな人】

19歳でティアラのスクールに入校してくれた横山さんは、見た目がかわいくて華やかで、とても芯の強い人でした。スチューデントサロン時代から、ほかの人は緊張していたのに、横山さんは「はい、やります!」と自分の技術に自信を持っていました。「独立したい」と言っていたように、ちゃんと夢を叶えて素晴らしいです。後輩たちも「横山さんのようになりたい」とお手本にしています。

【私はこんなふうに開業しました!】

ギャル系雑誌が全盛の時代に高校生だったので、雑誌モデルさんのオシャレな長い爪にあこがれていました。夏休みに、当時飲食店でバイトをしていたのですが、どうしてもスカルプチュアをしたくて、2週間休みをもらったぐらいです。このときは、まさか将来ネイルの仕事をするようになるとは想像していませんでした。

早く社会に出て働きたかったため、「行きたいときに行ける学校」を探していました。ティアラを選んだのは、行きたいときに行けて「検定に合格するまで通えば良い」と目標がハッキリしていたから。「やるからには1級まで取ろう！」と覚悟を決めていました。

スクール説明会には松岡社長が出てこられましたが、最初は社長だとは分かりませんでした。松岡社長を一言で表現すると、「外見はかわいらしいけど、言動は男らしく、アクティブ」です。

■「スチューデントサロン」で学びながら、施術経験を積む

ティアラのネイルスクールは、千葉県で初めての日本ネイリスト協会（JNA）認定校でした。ネイリスト技能検定試験3級の受験会場になっていて、検定を取るという目標を確実に叶えるには信用できるスクールでした。普通のスクールは検定を取得したら修了ですが、ティアラでは2級に合格したら、「スチューデントサロンワーク制度」で実際にネイルを実践できるのが魅力的でした。〝生徒が施術するので価格が安い〟と、お客様も了解の上で来店されます。スチューデントサロンで半年働いた後、19歳で正式にティアラに就職しました。

その後、本八幡店に5～6年勤務しながら、22歳のときに講師の資格を取りましたが、「目標を立てて、それに向かって頑張りたいタイプ」の私は、さらに上の「本部認定講師」の合格を目指しました。営業中はもちろん練習できませんが、ティアラは認定講師取得サポートが手厚く、スクールが併設されているので「練習に場所を使っても良いよ」と言ってもらえました。遅番の前に早く行って練習したり、早番のあと終電まで練習したりと、家には寝に帰るだけという日々が続きました。

■次の目標は、「自分の店舗を持とう！」と決心

ようやく、本部講師に合格したとき、私は次の目標として「店舗を持って、自分で頑張ってみたい」と思うようになりました。ティアラのスタッフ数が足りないのは分かっていたので辞めることがためらわれ、松岡社長に相談。すると「スタッフが足りないとかは横山さんが考えることじゃないよ。求人のことはこちらで考えるから大丈夫！」と背中を押してくださいました。

開業を決めたら、まずは物件探し。自宅サロンというスタイルもありますが、私は自分がお客様だったら「他人の自宅に伺うのは、何だかなぁ……」と思っていたので、店舗サロンにしました。千葉県の四街道は住宅街が多く、主婦が多い地域。信頼できる高級サロンを望んでいる、年齢層が上のお客様をターゲットにしたいと思っていました。

今の店舗は駅のロータリーからも見えるビルのワンフロア。家賃が高かったので、「もう少し安くなりませんか？」と家賃交渉に粘りました。

開業に必要だった資金は、家賃13万円と保証金・仲介手数料、家具・備品購入50～60万円、内装（壁や照明）は知り合いに安くしてもらって100万円、広告宣伝費などで合計約250万円かかりました。資金の調達は、貯金から50万円出して、公庫から200万円、4年間の返済予定で借りました。月々4万円ぐらいの返済です。その当時、25歳まで金利が低くなる特典があることを、先に開業した先輩に教えてもらいました。融資申し込みについては、事業計画書、リストが用意されていたので、それに沿って作成しました。

■「本部認定講師の施術」の安心感が強みで、高めの価格設定

うちの店の平均単価は8000円で、一日3〜4人。広い贅沢な空間にたった一人のお客様。日常を忘れて、ゆったりしていただくのがコンセプトです。本部認定講師の施術が受けられるサロンはあまりないので、年齢層が高めのお客様は安心を求めて、高めの価格でも来てくださいます。

最初の集客は、地域新聞とビラ配りでした。「ホットペッパービューティー」は効果があります。ネイルサロン専用のアプリは、うちの店では効果薄。年齢層が上だと、そういうアプリは見てないですね。自宅サロンで営業している場合は、そういったアプリを使って、安い価格での集客をしているようです。お客様のターゲットによって、広告媒体も変わります。

今、ティアラで学んだトーク力が役に立っています。ティアラのお客様も〝マダム〟が多かったですし、松岡社長の「すべての女性はお姫さま」というコンセプトもしみついています。

独立開業前にどんなサロンで働くかは、開業後に大きく影響が出ると思います。もっと言えば、ネイルスクールから、将来を見据えて慎重に選ぶことが大切かもしれません。

第4章

サロンを開業するための HOW TO

準備スケジュールは、物件次第

「ネイルサロンを開業する」と決めたら、まず何から準備したらよいでしょうか。

第2章で、開業の方法はいろいろあるとお伝えしました。どの開業形態でも準備は必要です。何しろ初めてのことだと思います。ワクワクするのと同じくらい、やりたいことがいろいろ浮かんできて、未知の世界にとまどうこともあるかもしれません。

まずは「やるべきこと」を書き出してみて、それらを順を追ってスケジュール化すると、イメージが湧いて分かりやすくなると思います。書き出してみると、案外頭の中がスッキリと整理されるものです。

開業までのスケジュール

①サロンのコンセプト・ターゲットを考える（雰囲気、店舗名）

←②オープンの時期を決める

←③開業場所を探す

←④開業資金を考える（必要経費を書き出す、収支計画、事業計画書作成）

←⑤内装・インテリア

←⑥什器・備品・ネイル商材などの購入

←⑦オープニング告知と広告（印刷物発注、ホームページ作成、ネイルアプリ、フリーペーパー掲載）を考える

←⑧オープン

①サロンのコンセプト・ターゲットを考える

コンセプトやターゲットというと難しく感じますが、第3章でも少し触れたように、簡単に言えば〝誰に対してどんなサービスを提供したいか〟ということです。つまり「どんなサロンにしたいか」です。

コンセプトとは「お店の軸を示すもの」。ターゲットとは「お店に来てほしいお客様」のことです。どちらも具体的、かつ、ぶれが生じないようにしっかり決めておくと良いと思います。

開業を決める前から強い意志があって、すでに決まっている人もいるでしょうし、これから決める方もいると思います。このコンセプトやターゲットはとても大切で、サロンの方向性を決めるものです。お店を運営するためのすべての基本になるので、悩みながら考えるのではなく、ワクワクした楽しい気持ちで、真剣に考えてみてください。

コンセプトが決まれば、ネイルのデザインテイスト、店内の内装、イメージ、店名も決まります。店名に関しては、その言葉の響きも明るいイメージで、なおかつ店名の意味からお店のコンセプトが想像できれば最高だと思います。もう少し言うと、あまり長すぎず、カタカナ表記もできるような、覚えてもらいやすい店名が良いと思います。

「コンセプトからすべてが決まる」ということを、弊サロン「ティアラ」を例に挙げてみましょう。私は「お客様にお姫さまになってもらいたい」という思いでネイルサロンを立ち上げました。「お姫さま」をキーワードにして、お店に関わるすべてのことを決めていきました。店名には、お姫さまの象徴であるティアラをすべての女性につけたいという思いから「ティアラ」を思いついたのですが、音の響きもかわいいし、覚えやすいことがポイントとなりました。

次にコーポレートカラーです。ティアラで使用していく色を決めたのです。お姫さまのイメージから、内装は「ピンクと白」や「ゴールド」に統一しました。ホームページを見ていただくと分かるのですが、こちらもピンク、白、ゴールドをメインに使っています。内装や、アイテムに至るまで、徹底して統一しています。

カラーを統一するということは、「□□色は○○（企業名）」とイメージを持ってもらうためにも、とても有効です。例えば有名企業のロゴマークも同じ意味があります。

ブランディングにもつながるため、カラー戦略を取り入れている企業は多数あります。ティアラの場合はお姫さまのネイルなので、デザインも「ピンクと白」が主体になり、「お姫さま志向」「上品・かわいい志向」をお持ちのお客様がよく来店されます。

コンセプトは後々の経営理念に繋がるものです。どんな方に来店してもらいたいか、どんな方に喜んでいただきたいか想像しながら考えてみると、ワクワクしてくるし、よりイメージが具体的になって良いと思います。

例えば、「女性にオシャレなネイルを提供する」だと漠然とし過ぎていますよね。世の中のネイルサロンすべてに当てはまってしまいます。

ティアラのコンセプトは「すべての女性はお姫さま」です。ターゲットは、生活にゆとりがあって、自分自身のことにも関心を持っている主婦の方をイメージしています。昼間の時間が比較的自由になる主婦の方々に、「ひとときの贅沢と癒しでお姫さまになったつもりでくつろいでほしい。かわいらしく上品なデザインのネイルをした後、ピカピカの指先を見て幸せな気分になってもらいたい」という思いでした。

一つだけアドバイスをするならばターゲット層は狭いほうが集客しやすいということです。なぜならお店の掲げるコンセプトが明確であればあるほど、対象のお客様には「これ、私のこと?」と思えるからです。結果、ターゲットとして考えていなかった層のお客様も来てくれることになります。

ティアラは右記のようなターゲットイメージでしたが、実際は若い方からご年配の方まで幅広くご来店くださっています。

②オープンの時期を決める

オープンの時期を決めるのは、オープン日に向けて逆算してやるべきことをスケジュール化できるからです。開業形態をどうするのかによりますが、主に準備する内容としては、後で紹介しますが、⑤内装・インテリア、⑥什器・備品・商材などの購入です。⑦告知と広告に関しては、印刷物の発注などコンセプトやオープン日が決まった時点でスタートできます。

オープンの時期については、物件の都合だけでなく、「子どもを保育園に入れる4月から準備に取りかかれる」「縁起の良い大安にしよう」「引っ越しを予定していて、新居に移ってから最寄り駅に近い物件を探したい」など、自分や家族のライフイベントなどのタイミングを見て決める場合もあるでしょう。

また、「お店を出す商店街のイベントに、オープン日を合わせたい」「私の誕生日を開業記念日にしたい」でも良いと思います。オープン日が決まったら、目標設定が決まるのでその日までにやることリストを作成し、逆算してスケジュールを立ててみてください。

③開業場所を探す

まず、開業形態によっても差があるので、いくつか例を挙げてみたいと思います。

■自宅サロン

自宅の一部をサロンに、可能であれば、玄関から一番近いお部屋にすれば、生活感のあるリビングなどに通す必要がなくなります。テーブルとイスさえあれば、プチサロンになるので狭いスペースでも可能です。

メリットは、自分が移動せず、お客様に来てもらえること。場合によっては、自分もお客様も、お子さんが一緒でも可能で、アットホームな雰囲気で施術ができます。

デメリットとしては、自分のプライベート空間の一部がお客様の目に触れてしまうことです。

■出張ネイル

道具さえあればお客様の都合に合わせて伺うことができることと、先行投資がほとんどないので、リスクなく開業できます。お客様のご自宅に伺うことが多いので、お茶を出していただいたり、長居をして時間がかかってしまうこともあります。移動時間を踏まえると、1日に行ける件数に限度があるものの、時間の調整が効くので自由度が高い働き方です。

■物件を借りてお店を開く

開業スタイルの中で、ハードルが一番高いのが「物件を借りてお店を開く」スタイルかもしれません。成功の鍵を握る物件探しは大変かもしれませんが、乗り越えた先にある「自分だけのお店」を得たときの感激といったら！

少しでも興味のある方は一度検討してみるのも良いと思います。

〈物件取得のポイント〉

物件の場所、立地によってお客様が来店しやすいお店かどうかは売上にも直結するので、お客様目線に立って、お客様が来店したいと思えるような物件選びを心がけてください。物件選びはお店のコンセプトを決めるのと同じくらい妥協をしないでほしいと思います。

ここで物件を探すポイントを記載しておきます。

●エリア

物件を探すときに、まず「エリア」を絞ります。「自宅に近い」「以前住んでいて土地勘がある」「そのエリアに開業するのが夢だった」など、こだわりの条件がある人はエリアを決めやすいと思います。そのときのポイントは、〝こだわりのエリアとターゲット層がマッチしているか〟ということです。

コンセプトにも関係しますが、例えば「マダム向けラグジュアリーなサロン」を目指しているなら「下町の商店街」より「高級住宅街エリア」のほうが向いているでしょうし、「ＯＬが仕事帰りに気軽に寄れるサロン」だったら「郊外の住宅街」よりも

「オフィス街」のほうが良いと思います。自分が決めたターゲット層のお客様が集まりやすい場所も考慮すると良いでしょう。

また、「駅から5分以内」「駅ビル直結」という〝アクセス重視〟も一つの選び方です。

●探し方

エリアを絞ったら、いよいよ具体的な物件を探していきます。いきなり不動産会社に行かなくても、家賃相場を調べるだけなら、まずはインターネットの不動産サイトで十分です。そのサイトから気になる物件があれば、問い合わせをして内見予約も可能です。

私が不動産サイトを見る目的は主に出店するためですが、常に空き時間にいろいろなエリアの物件をチェックすることで、今や物件探しが私の趣味になりました。

不動産会社に行って相談すれば、不動産屋さん視点のアドバイスがもらえたり、地域の情報を聞くこともできます。物件によっては、オーナーが特定の不動産会社だけに依頼しているような情報もあり、同じ駅でも不動産会社によっては違う物件が出てくることがあります。具体的に動きたい場合は、直接不動産会社に行くことをお勧めします。

いくつか物件を紹介されて良い物件が見つかったなと思ったとき、決める前には、自分の住居を探すのと同じように、「駅から歩いてみる」「昼と夜の人通りを比べてみる」「日当たり」「隣家との距離」など、自分の足で確認してみてください。内見しただけでは気づかないことや、間取り図では見えなかったことも出てくると思います。私も物件を決めるとき、お向かいの喫茶店でどんな人が行き来するのか自分の目で確かめました。

●広さ・家賃など

テーブルにネイリストとお客様が向かい合い、収納家具などを置いても少し余裕がある10坪ぐらいが目安です。マンションやアパートなどのワンルームでも大丈夫ですが、お客様の動線や席からキッチンが見えたりしないように、間取りもチェックしてください。

家賃はエリアによって相場が違うので、一概には言えませんが、不動産会社に行く前に、家賃の上限はしっかり決めておきましょう。物件をいくつか見ていると、どうしても条件の良い物件に心が傾いてしまいがちです。「頑張って売上を上げたら何とかなるかな」と気が大きくなってしまうかもしれませんが、家賃は固定支出なので、売上が少ないときに高い家賃だと負担が大きくなります。逆に、予算面を心配するあまり、妥協をして安い物件に入ってしまって「やっぱり気に入らない……」となるのも避けたいところです。

●物件のタイプ

「スケルトン物件」か「居抜き物件」かで、開業準備金、期間に大きな差が出ます。スケルトンは室内に何もないので、内装もゼロから工事する物件です。内装だけでなく、クーラーも自分で購入して取り付けることになります。退去の際も原則、原状回復（スケルトンの状態にして戻すため、撤去工事が必要）となります。

居抜きは、前のお店の内装や設備をそのまま引き継ぐという物件です。業種にもよりますが、内装もキレイならほとんどそのまま開業できることもあります。同じような美容系サロンだったら好都合です。ただ、設備（エアコンなど）や備品に関しては残置物扱いになることがほとんどなので、修繕や撤去する場合はすべて自費となりまトはあります。

す。それを差し引いても、資金面や、準備期間が短く早くオープンできるというメリッ

●その他

①近隣施設も調べましょう。塾、スポーツクラブ、カフェ、幼稚園などは、待ち時間や帰り道に立ち寄っていただける可能性があり、集客を見込めます。

②同じビルや近隣のビルに飲食店が入っているとニオイが漂ってきます。

③エアコンの業務用は高額（約50〜１００万円）なので、「エアコン付き」物件は節約になります。ただし、最初から付いているエアコンが天井埋め込み型だと、故障したときの修理代が高いので要注意です。

④住居用マンション内にサロンを開業する場合、「看板を出しても良いか」「壁紙を張り替えたり、内装を変更しても良いか」「マンション管理規約に抵触しないか（商用利用がＯＫかどうか）」を確認しましょう。

⑤看板代は予想外に出費になることがあります。入口の電飾看板はとくに高額です。ビル内のほかの店舗と揃えて設置しないといけない場合もあるので、看板

代がかからないビルを選んだほうが良いです。
⑥扉も高額。引き戸を自動ドアに変更すると、約50～100万円ほどかかります。
⑦日当たりは良すぎると、商品が変色するので注意です。
⑧ネイルサロンはガスがなくても大丈夫です。キッチンはお水さえ出ればOKです。

8つのポイントを挙げましたが、実は、物件探しにはタイミングがとても重要です。例えば、気に入った物件が入居中で2カ月先にしか引き渡してもらえなかったり、反対にすぐに申込みを入れないと、他の人が契約してしまうというような急を要する物件の場合もあります。そういうときは無理をしてまでも進めないほうが良いと思います。

私の場合ですが、もし自分が望む物件があっても最終的に賃貸借契約をすることができない場合には、「契約をするタイミングではなかった」「契約をしないほうが自分のためだった。その物件で開業してもうまくいかなかったかもしれない」とポジティブに考えるようにしています。

どんな物件にせよ、賃貸借契約を結んで入居開始にならないと、内装業者を入れたり、物を運んだりできません。〝入居開始＝家賃が発生〟ということですから、入居してからはできるだけ早く準備を進めたいところです。そのためには物件を探す前からできることは準備しておきましょう。

④開業資金を考える

開業を考えたときに、やはり気になるのが資金です。とはいえ、ネイルサロンはほかの美容系サロンに比べて、資金が少なくても開業できるのがメリットです。ネイル道具一式をすでに持っているネイリストが「出張ネイリスト」というスタイルで開業する場合、ネイルの商材を少し買い揃えるだけでスタートできます。「自宅サロン」なら、施術用のイスとテーブルなどを買い揃えれば数万円から開業でき、手持ちの資金だけで開業することも可能です。

手持ちの資金はあまりないけど、せっかくだから理想的なネイルサロンを開業したいというのであれば、足りない分は「借り入れ」をすることもできます。一番簡単なのは身内に借りることですが、覚悟を決める意味でも融資を受けるという選択もあります。

融資を受けられる機関はいくつかありますが、どこで借りるかによって利率なども変わってきますので、できるだけ調べたほうが良いと思います。いずれにせよ融資申込みの際に「事業計画書」が求められます。

「事業計画書」は、融資先によって決まったフォーマットがある場合もありますが、事業内容や開業資金、売上予想などが説明されていて、「継続的な収益が見込め、融資しても返済できる」という説得力があれば、どんな書き方でも大丈夫です。事業計画書の無料テンプレートなどもあります。

ここで「事業計画書」の作成のためにも、まずは表4－1（次ページ）の「開業資金」を算出してみましょう。開業をする際に、どれくらいの費用がかかるかの目算が必要です。

表にあなたが開業する場合の金額を書き出して、必要な資金を計算してみましょう。必要な開業資金が出たら、その金額が自己資金で収まるのか、借り入れが必要か参考にしてみてください。

表４－１「開業資金」の算出

【店舗取得費】	
敷金・礼金（保証金）	円
仲介手数料	円
前家賃（１カ月分）	円
【内装・外装工事費】	
天井、壁、扉、 水回り（洗面所・トイレの改装など）	円
【什器・備品費】	
施術用テーブル・イス	円
家具（チェスト・収納棚・ワゴンなど）	円
ネイル用具・商材 （ネイルケア用品・ポリッシュ・ジェルなど）	円
家電（エアコン・冷蔵庫・電話機・照明など）	円
タオル・ブランケット・リネン類	円
消耗品・文具・清掃用品	円
【広告・宣伝費】	
チラシ・ショップカード作成	円
フリーペーパー掲載費	円
ホームページ制作費	円
【運転資金】	
利益が出るまでの期間の家賃・光熱費	円
材料費の支出に備える資金	円
合計	円

【開業資金を借り入れる】

開業資金を借り入れる場合、金融機関などで提出を求められる「事業計画書」は、その金融機関の所定のフォーマットがある場合もありますが、その計算をする考え方は共通です。

元になるのは「月間収支計画」なので、その計算方法を解説します。

■月間収支計画の考え方

開業するのがゴールではなく、あくまでもスタートラインに立ったと思ってください。一番重要なのは「サロンを継続していく＝利益を出し続ける」ことです。ではその「利益を出し続ける計算」をしてみましょう。

まず、毎月の必要経費を計算してみます。その必要経費と売上が同額になるのが「損益分岐点」です。それに目標とする利益（自分の収入と店舗プール金）を加えた額が「売上目標」になります。自分の収入として想定するのは、「サロンに勤務していた頃と同額は欲しい」「サロン勤務より少し多く欲しい」「（自由時間が目的なので）それほど多く望んでいない」と人それぞれでしょう。でも、ある程度高い目標を掲げないと、自分の覚悟が甘くなるし、サロンの発展も望めません。サロン勤務時代より少しでも収入を高めに設定して、しっかりした売上目標があったほうがやる気が生まれます。

こうして決めた売上目標によって、客単価や1日の客数を決めていきます。具体的なケースを例に計算していきましょう。

■売上目標

売上目標は、「必要経費」「自分が希望する収入」「店舗維持&拡大のためにプールしておきたい店舗利益」の合計。それぞれ、毎月の金額を設定する。

【例】

①必要経費（家賃10万円、光熱費・通信費5万円、仕入れ3万円、広告宣伝費5万円、ローン返済5万円）……合計28万円

②自分の希望収入……20万円

③店舗利益（店舗プール金）……12万円

①＋②＋③＝60万円

①＋②＋③＝売上目標なので、60万円を毎月の売上目標とする。

■客単価

①毎月の必要経費……28万円
②自分の希望収入……20万円
③利益ゼロの損益分岐点……①＋②＝48万円
④毎月の売上目標……③＋店舗利益12万円＝60万円
⑤1カ月の営業日数（自分で決める）で割ると、1日当たりの売上目標が決まる。
60万円÷25日＝24000円
⑥1日に施術可能なお客様の人数で割ると、一人当たりのお客様の売上金額（客単価）が出る。
24000円÷3人＝8000円

つまり、売上目標の60万円を達成するためには、平均8000円のお客様を1日3人施術すれば良いわけです。1カ月に75人の集客が必要です。客単価を低めに設定して7000円に想定すれば、24000円÷7000円＝3・4人。月に換算すると

86人です。

1日あたりの売上目標が高ければ、1日に施術できる人数には限りがあるので、おのずと客単価を高くしなくてはなりません。家賃が高い場合も、売上目標を高く設定することになるので、客単価を上げざるを得なくなります。

その客単価が、あなたのコンセプトや想定しているターゲットに見合う金額か、あなたの施術のレベルに見合うのかを見極めてください。この収支計画で決めた客単価は、メニューを決めるときも関わることなので慎重に決めてください。

このような算出方法で「月間収支計画」を立てて、この数字を「事業計画書」に記入することになります。

⑤内装・インテリア

内装・インテリアもコンセプトに合わせてこだわりたいところです。あなたのサロンの世界観を表現する部分でもありますし、お客様はサービス内容（ネイルの出来や価格）だけでなくサロンの雰囲気が自分に合うか合わないかも重視します。あなたも自分好みのインテリアに囲まれた雰囲気が気に入って、そのお店のファンになったことはありませんか？

予算を十分にかけられるならプロの業者に頼んでしまうのが一番良いのですが、予算はなるべく押さえたい場合が多いと思います。プロにしかできない部分は必要経費として当然依頼するのですが、自分でできる部分は手作りをすると良いでしょう。

ただ、安くすませようとして、かえってチープに見えてしまったり、手作りしたことで余計に時間と手間がかかってしまうようなら、内装費も経費と割り切ってプロに依頼することも必要です。こだわるべきところと、手作りが可能なところのメリハリをつけましょう。

⑥什器・備品・ネイル商材などの購入

物件を探す前から、什器類やネイル用具・商材は必要なものをリストアップして、購入先は比較検討しながら見当をつけておきましょう。オープン1カ月前ぐらいから、購入・搬入を始められます。

■什器・備品

什器のうち、家具類は施術用のテーブルとイス（お客様用と施術者用）が基本です。あとはフット用スツール、用具を置くワゴン、チェスト、デスクライト、アームレストなどがあります。受付を設けるならカウンターテーブルも必要です。

私はお客様用のイスにはこだわって、ほかは節約してもリクライニングチェアを購入しました。家具類は大きいので、色や形状で店内のイメージはガラリと変わります。ぜひ、自分の世界観を表現してほしいと思います。

備品は、タオルやブランケット、レジ・電話ＦＡＸ・照明器具などの家電、ラック類、清掃用具、文房具、カルテや予約表などのツールです。開業時にすべてを新しく購入する必要はないので、節約する工夫をしてみてください。

最初はなるべく初期投資を抑えたほうが、無理がないと思います。とくに什器や備品は手作りできるものは手作り、手持ちで代用できるものは代用、中古品が手に入るならリサイクルで買い揃えることもできます。節約の工夫をしながらお店作りをするのも楽しいですよ！

■ネイル用具・商材

ネイルの施術に必要な用具・商材については、サロンで提供するメニューに必要なものを準備します。サロン勤務や自宅サロンでネイリストとして仕事をしていて、道具一式と基本的な商材を持っていれば、あるものを使って節約ができます。商材も初めからすべてを買い揃えると負担が大きくなるので、ポリッシュやカラージェルの色数、ネイルアートに必要なデコレーションパーツを絞ることもできます。ただし、商材についてはフルに揃えても約10～15万円程度です。購入先は信頼できる商材メーカーや「TAT」などのディーラーになると思いますが、新規オープンであることを伝えれば相談に乗ってくれる場合もあります。

⑦オープニング告知と広告を考える

新しいネイルサロンがオープンする告知は、できれば1カ月ぐらい前からスタートしたいところです。そのためには、コンセプトはなるべく早く決めておくと良いと思います。開業を決める前から「私がお店を出すなら、こんなイメージのお店が良いなぁ」と思い描きませんでしたか？　コンセプトや店名が決まっていれば、物件の目途がついてオープン時期が確定すると、広告や印刷物の発注に取り掛かれます。

■ホームページ

可能であれば、ホームページも制作しておくと良いでしょう。自分で作ることができたり、友人に得意な人がいる場合は別として、プロに依頼する場合、ホームページの制作費は制作会社やデザイナーによりまちまちなので一概には言えませんが、大体30万円〜という相場感で考えておいたほうが良いと思います（コンテンツの量、ページのボリュームにもよります）。

自宅サロンで開業しようとしている場合、ホームページを用意することに〝高い壁〟を感じる方が少なくないと思います。そんな場合、「無料ブログ」を開設してそちらをホームページの代替として使ったり、テンプレートに入れるだけで作れる「無料ホームページ」を利用することもできます（その場合、ページ内に企業広告が入ります）。実際に、このような方法で情報発信や宣伝をされている方が多く見受けられます。もちろん最初はそれでも良いと思います。

■印刷物

印刷物というのは、具体的にはショップカードやチラシやオープンの告知ハガキなどです。これに掲載したい項目は次のとおりです。

・お店の基本情報（店名・所在地・交通アクセス・営業時間・定休日・電話番号・メールアドレス・地図など）
・オープン日時
・お店のコンセプト、キャッチコピー
・メニュー表
・オープンキャンペーン、クーポンなど

お店の基本情報だけでなく、コンセプトが伝わる写真やキャッチコピーがあるとチラシを見ても印象に残ります。特に写真は必須です。ホームページ同様、チラシは自作する方法（パソコンが得意な人にお願いする場合も含め）と、プロのデザイナーに発注する方法とに分かれると思います。

自分でチラシを作る場合、手書きももちろん親しみやすい印象があって良いですが、手書き以外なら、パソコンでデータを一から自作する方法と、印刷会社が提供している無料テンプレートを使う方法があります。無料テンプレートのようなツールを使うと、そのままＷｅｂ入稿もできるので、早くキレイに、チラシを作ることができます。

メニュー表も同様です。ただしメニュー表に関しては、店内に数枚あれば良いと思うので、自宅やコンビニでカラーコピーをすればＯＫです。逆にチラシのように枚数が多くなるものは、印刷会社に発注するほうがコピーより安くなります。自作するか発注するかは予算次第ですが、自作で制作に費やした時間、材料費、手間代、クオリティなどを考えてみると、「最初からデザイナーさんに任せたほうが安上がりだった」ということも多々あります。

こうして作成したチラシは、街頭で手渡ししたり、近所にポスティングしたり、新聞折り込みに入れたり、考えられる配布方法を試してみましょう。ちなみに、新聞折り込みの購読者はご年配の方々が多いので、若い人のみをターゲットにしている場合は思ったより効果が薄い可能性もあります。

オープニングの特典が付いていると、それを持参して来てくださるお客様が案外多いものです。チラシを見てくださった方が「特別感」「お得感」を持てるように、ちょっとした特典があると良いですね。オープニングのお知らせハガキも同様です。住所を知っている知り合いには、郵送も特別感があります。

■広告出稿

私は地域のフリーペーパーにも2万円ほどの掲載料を支払って、オープニング告知をしました。その後も広告を出しましたが、結果的には一番効果がありました。広告は1回ぐらいでは効果がありません。でも、それで諦めないでください。地域の方々は、ちゃんと見ています。そのときに行かなくても、見続けていると、あるとき「いつも広告が載っているあの店に行こう」となることもあります。広告の継続は、見ている人の脳に刷り込まれるものです。予算が許すならば、めげずに何度も広告してください。

私が開業時に掲載した紙媒体の「ホットペッパー」は、いまや「ホットペッパービューティー」として美容系サロンの予約サイトとして大人気です。お店の情報、価格やサービスの比較、空き時間の確認や予約が24時間可能なのは、大変便利です。ほかにも、「m・i・m・o」「ネイルブック」など、ネイルサロンに特化した予約サイトもあって、

第1章 第2章 第3章 第4章 第5章 第6章 第7章

若い人の集客には外せない広告媒体になっています。

■SNS

最近はＦａｃｅｂｏｏｋ、Ｉｎｓｔａｇｒａｍ、Ｔｗｉｔｔｅｒなどの無料で使えるＳＮＳによる広告も一般的になっています。写真をそのままアップできるＳＮＳは、告知をするのには向いています。その際、気をつけたいのは「写真選び」です。「写真で集客が決まる」と言っても過言ではありません。実物はキレイなのに写真が暗くてボケていたら、それだけでお客様は興味を失ってしまいますよね。また、お客様にとっても、自分好みのテイストかどうかの大きな判断材料になるので、ＳＮＳはぜひ積極的に取り入れていくと良いと思います。

⑧オープン

サロンのコンセプト作りから始まって告知に至るまで、いろいろなことを経ていよいよオープンです。オープン前はめまぐるしく時間が過ぎていくので、できれば時間に余裕があるうちに早めに取り掛かれると良いと思います。

お店作りと一口で言っても、どんなお店にするのかは、あなた次第。個性の数だけお店の特徴もあり、さまざまです。どんなお店を目指したとしても、「やることを全力でやり切った！」という心境でオープンを迎えてほしいと思います。

■開業するためのノウハウではなく、幸せになるための考え方

私は、「ティアラ」を開業してから2年後に2号店、3年後に3号店を出店して、現在は18店舗になりました。初めの頃は手探りで立ち上げていた店舗も、慣れてくると自分なりのノウハウができてきます。もちろん、すべての店舗が成功したわけではなく、なかには結果的にうまくいかずに閉店した店舗もありますが、それらの一つひとつの経験すべてに意味があって、私の糧になっています。

私の強みは、サロン勤務、出張ネイリストから自宅サロンを経て1号店を出店し、その後も多店舗展開の経験をしてきたことです。なので、机上の空論は一つもありませんし、どんな業務形態のネイルサロンの相談にも乗ることができます。

オープニングから運営までを経験して、私が得たサロン開業のための「HOW TO」。でも正直に言えば、開業をすることだけが目的だったら他にもハウツー本や情

報はいくらでも探せると思います。私がお伝えしたいのは、そういうノウハウ的な部分よりも、成功に導くための考え方です。〝幸せになるための考え方〟と言っても良いかもしれません。

困ったときに指針になるのは、小手先の方法論ではなく、根本的な気持ちの持ち方だと私は思っています。スタッフがそんな私の想いや理念に共感してくれて、サポートしてくれたからこそ、ティアラはここまで展開してこれました。

もちろん最低限のやり方、ノウハウはありますので、ここでもすべてご説明していきます。これらをシェアすることで、この本を読んでくださった方のサロンオープニングの手助けになることを願っています。

そして、開業はゴールではなく、スタートなのです。「あなたの想いの詰まったネイルサロンで、目の前のお客様を幸せにしてあげてほしい」「ネイリストであるあなた自身も幸せになってほしい」、本当にそんなふうに思っています。

第5章 予約が埋まるサロンになろう

「次回の予約で埋まっていく」が理想的

「ネイルサロンを開業しよう」という思いを応援したくて、開業までの流れをここまでお話ししてきましたが、無事にサロンがオープンしたらゴールではありません。むしろ、そこからがスタートです！

オープン初日には、早々に予約していただいたお客様や、応援してくださるお知り合いの方が来てくださることでしょう。オープンのチラシや広告を見た新規のお客様の予約もしばらく続くと思います。注目したいのは、その翌月。オープン月に来てくださったお客様に、「リピーター」としてご来店いただくことが重要です。

新規開店は、目新しさや初回割引などの効果もあって新規の集客が見込めます。そのお客様が次回の予約をしてくださるかどうかがポイントです。サロンが長く続くためには「翌月が、今月のお客様の次回の予約で埋まっていく」のが理想です。

そんな「予約が埋まるサロン」になるためには、何が必要なのか、私がティアラで実践した方法も含めてご説明します。

まずは来店してもらうための「初回割引」

多くのサロンがオープンのときには、「初回割引」「オープン記念特典」などを設けます。「オープン記念特典」はお店にとってはたった1回だけの特典ですし、「初回割引」もお客様にとっては1回だけのチャンスなので、とても集客力があります。

ところが、あまりに割引率を大きくしてしまうと、「初回割引」のお客様が多くなってしまうことで客単価が低くなり、より多くのお客様を施術しないと目標売上に到達しないことになりかねません。

また、安さ目当てのお客様は、通常料金での施術を避けて、また別の「初回割引」を求めて新しいサロンに流れる傾向にあります。それらの点に留意しながら割引サービスを取り入れてみると良いと思います。

「初回割引」の目的は、「リピーターになってもらうために、まずは来店してもらう」ということを忘れないでください。そのためには、「また行きたい」「また会いたい」とお客様に思われるような施術や質の高いサービス、接客を含めたお店の雰囲気が重要になります。

■その他の割引や特典

お客様にリピーターになっていただくためには「リピーター割引」も一つの方法です。

よくあるのが、「1カ月以内の来店はオフ無料」や「その場で次回の予約をすると10%OFF」などです。これらの割引は、再来店のための動機付けにもなるので効果的です。ティアラでは、2回目の来店を促す「ワンモアチケット」をお渡しして、初回と同じ価格にしています。

ほかにも、「ポイントサービス」があります。ポイントカードを作って、「来店スタンプが3個たまったら20%割引」や「1000円利用ごとにスタンプ1個。20個たまると1000円割引」など。サロンだけでなく飲食店や雑貨屋さん、ブティックなどでも取り入れているところが多いですよね。

とはいえ、割引だけに頼るのではなく「次の予約はいつお取りしましょうか?」と笑顔で上手にお勧めできるコミュニケーション力も必要です。

本当のリピーターは3回目から

初回割引やクーポンやスタンプなどの特典は、来店を促す効果はあるのですが、あくまでも来店のきっかけづくりなので、ずっと来ていただける「リピーター」になってもらうための決め手にはなりにくいといえます。

3回目になると、割引目当てのお客様はグッと減る傾向にあり、「気に入ったから行く」と選んでくれるお客様が残ってくださることになります。つまり、3回目にご来店いただけるお客様を増やすことが大切です。

では、どうしたら3回目も来店してもらえるでしょうか。ポイントは次の4つです。

①サロンの特色で、リピーターを増やす

サロンの特色、つまりコンセプトです。ティアラの場合ですと、「すべての女性はお姫さま」です。ティアラ18店舗すべてでそのコンセプトを守り、インテリアはお姫さまのお部屋のような空間で、ピンクと白色で統一されています。ネイルデザインも

上品でかわいいデザインやカラーが主体で、コンセプトが明確です。お客様はその特色を気に入って来店してくださっています。

あなたのサロンのコンセプトは何でしょうか。「隠れ家的なアットホームなサロン」「ケアを最重視。ケアならどこにも負けない」「コンテスト入賞ネイリストによる最先端のデザイン」「最高級のラグジュアリーな空間でセレブなひとときを」など、何でも良いと思います。「これだけは他のサロンに負けない」「これだけは貫きたい」という思いでサロンの特色を打ち出すことで、〝ファン〟になってもらうことが集客につながります。

②「感謝と謙虚な気持ち」を忘れず、「笑顔」で接客

「もう一度行きたい」と思ってもらえるサロンの特色を作り出すのと同時に、「もう一度担当してもらいたい」と思ってもらえるような担当者の接客も大切です。ネイリストとして確かな技術を提供するのは大前提として、接客態度でお客様の満足度は大きく変わります。

「数多くのネイルサロンの中から、うちのお店を選んでいただいてありがとうござ

います」という感謝の気持ちは何より大切だと思います。そういう気持ちがあれば、自然に「満足していただきたい」という接客態度になります。

学ぶ気持ちを忘れない、おごらない謙虚さも真面目な接客につながります。私はティアラスタッフにも、「感謝と謙虚な気持ちを忘れないように」といつも言っています。

社員を採用するときに、面接で重視しているのは「キュートな笑顔があるか」です。キュートな笑顔で「ありがとうございました」と接客すると、お客様は「この人の笑顔を見ると元気になる」「楽しい気分になる」という理由で、「また行こうかな」と思ってくださいます。

感謝と謙虚な気持ちに加えて、キュートな笑顔を持って仕事ができたら最高ですね。

③お客様との会話術は、努力で伸びる！

ネイリストは、お客様と2時間程度向かい合うお仕事です。確かにコミュニケーション力がある人のほうが向いています。「初めての人と会話をするのが苦手だけど、ネイリストになれるのかな」と悩んでいる人もいるかもしれません。でも、大丈夫です！

お客様との会話術は、努力すれば身に付けることができます。

では、会話が苦手な人はどうしたらよいでしょうか。「努力」と言いましたが、具体的な方法は次の通りです。

私はティアラスタッフには、「自分の話は控えて、お客様のお話を聞く姿勢を持って、会話を楽しんでください」と伝えています。まずは、「聞き上手に徹する」。あれやこれや自分のことを聞かれたくない人もなかにはいますが、大部分の人は「自分の話を聞いてもらいたい」のです。ヘアサロンでも同様だと思うのですが、他愛もない会話をしながら、気が付いたら自分のことを多く話してしまっていた、ということはありませんか？

ネイルに関すること以外でも良いと思います。もちろん、ネイルに関してはしっかり勉強をして、どんな質問にも答えられるようにしておいてください。プロとしての信頼感につながります。

2回目の来店をしてくださったお客様に「私のことを覚えてくれていたという特別感」を感じてもらえるように、カルテに前回お話しした内容をメモしておくと良いと思います。それを頭に入れて接客に臨めば、より会話がスムーズに進みます。

「前回、パーティーがあるっておっしゃっていましたけど、どうでしたか?」

「先月、韓国旅行へ行かれたんですよね?」

お客様は「あら、覚えていてくれたの?」とちょっと嬉しくなります。嬉しくなったお客様が、今度は前回よりもたくさんお話をしてくれるかもしれません。

できれば、お客様のどんな話題にも反応できるように、ニュースや話題のドラマをチェックしたり、映画を観たり、ファッション誌を読んだりして、世の中の流行にアンテナを張る努力を惜しまないでほしいと思います。

例えば、こちらから話した話題に反応が薄い担当者だと、「なんだか盛り上がらない」と感じ、「次も担当してもらいたい」という気持ちにならないのも事実です。とはいえ、お客様からの話題にすべて応えようと無理をして話を合わせるのではなく、分からない話題のときは「え~、知らなかったです。もっと教えてください!」など、お客様の話に関心を持ち、素直に反応できれば良いのです。

④必ず、お客様を名前で呼び、素敵なところを見つける

もっと簡単にできることがあります。それはお名前でお呼びすること。これはティアラスタッフには徹底していることです。

例えば、「お客様、今日はどうなさいますか?」と聞かれるのと、「○○様、今日はどうなさいますか?」と聞かれるのとでは、どちらが気分が良いでしょうか? 私はやはり、「○○様、今日はどうなさいますか?」と言われるほうが、大切にされている感じがして、担当者に対しても好印象を持ちます。

初めて来店されたお客様でも、最初にお客様カードに名前を記入してもらうので、「お客様」と呼ぶのは誠意がないと思います。お客様は「お客様」と呼ばれ慣れているので、特に「失礼な人」とは思わないかもしれませんが、「○○様」「○○さん」と呼ばれると、担当者との距離が近くなった気がします。

最初の時だけでなく、途中の会話でもできる限り名前を呼ぶようにして会話をすると良いと思います。お客様を名前で呼ぶことなら、会話の得意不得意に関わらず意識すればできますよね。

もう一つは、「必ず、お客様の素敵なところを見つける」ということ。褒められて不愉快になる人はいません。服装やアクセサリー、ヘアスタイル、持ち物、メイク、肌の調子、表情、しぐさなど何でも良いのです。親身になって相手のことを知ろうとし、好きになる努力をすることは、接客に限らず、普段の人間関係も円滑にしますから、心がけてみてください。

接客の基本は「自分がしてもらって嬉しいことをする」です。接客だけでなく日常でも私が心がけていることです。サロンワークにおいては、いつも「どうしたら、気分良く帰ってもらえるだろう」と考えることです。そして、お客様がお帰りになるときに、ネイルのキレイさ、かわいさに満足していただくだけでなく、テンションが上がって「何だか気分が良いなぁ」と思ってもらうことができれば、きっと来月も会いに来てくださいます。

目標は「1カ月先の予約が3分の2埋まる」

ネイルサロンのお客様は、3週間から1カ月のサイクルで来店されることが多いです。

自分でジェルネイルをオフすることは難しいので、またどこかのサロンに行くことになります。このサイクルから計算して、新規で来られたお客様がリピーターになってくれて、1カ月先の予約が3分の2程度埋まっていくのが理想だと私は思っています。ティアラでは1カ月先の予約を入れてもらうために、次回予約を入れていただくと、次回のお会計を10％割引するサービスを行っています。それにより、翌月の予約だけで全体の約3分の2が埋まっています。

売上的には、新規のお客様は「初回割引」を利用されるので客単価は下がりますが、新規のお客様の予約で埋まらない枠を、リピーターで埋めていくサイクルにしたいところです。もちろんリピーターでも来なくなってしまうことがありますから、広告を継続しながら、新規のお客様を獲得していく努力も必要です。

ネイル業界が一番忙しいのは、気温が高くなり、肌を見せることが多くなる夏です。サンダルの季節になると、「夏だけ、フットもしたい」というお客様が増えます。また、夏休みに入ると、普段は学校で禁止されているネイルですが、「夏休みの間だけネイルを楽しみたい！」という学生も来店します。冬になり、年末のイベントが多くなる季節になると、また忙しくなります。こんなサイクルに合わせたキャンペーンなどを続けながら、当初に設定した売上目標が達成できそうか、常にチェックしてください。

接客のコツや会話術をマスターすることで、新規のお客様もリピーターのお客様も、増やしていくことができます。そして人員的にも物理的にも対応しきれなくなってきたときに、「店舗展開」も視野に入れることになりますが、これはまた次のステップになります。

お気づきかもしれませんが、これだけ街中にネイルサロンがあふれる今、ネイルの施術だけでリピーターを増やすことは難しいです。例えばネイルコンテストで数々の賞に輝くようなカリスマネイリストや、そのサロンにしかできない唯一無二のデザインを提供するなら別かもしれませんが、普通のネイリストが開業したネイルサロンがうまくいくためには、やはり〝人〟が決め手だと私は考えています。

まずは、開業したら新規のお客様に来ていただくきっかけづくり（広告、告知、サービスなど）をして、一度ご来店いただけたらファンになってもらえるように精一杯のおもてなしをする。お客様に誠実に、楽しんで全力で取り組んでいると結果はついてくるものです。

ティアラの接客の基本となる経営理念、そして「クレド」

株式会社ティアラグレイスの会社案内には、
「クレド」という10カ条を載せています。
「クレド」とは、その企業の仕事の基準となる「約束」です。
つまり、どんな気持ちで接客するかが書かれています。
参考にしてください。

経営理念

「すべての女性はお姫さま」
ハート♡First　すべての人を大切に

✦社名の由来✦

「ティアラグレイス」の由来はお姫さまの象徴である
「ティアラ」をすべての女性につけたいという想いをこめています。
株式会社ティアラグレイスは女性の願いを叶えて、
すべての女性をお姫さまにする会社です。
私たちの技術とおもてなしを通して1人でも多くの人に
喜びと感動、癒しを提供することで
世の中の女性を元気に幸せにします。
それと同時に世の中の女性を幸せにすることを
私たちの幸せとします。

クレド

ティアラグレイスメンバーとしていつもこれを大切に実行します。

①私たちは、クレドを順守します。

②私たちは、ティアラグレイスのグランドデザインである「すべてのお客様はお姫さま」を第一に考えます。

③私たちは、経営理念である「ハート♡First」を追求します。

④お客様がお姫さまであるように私たちもお姫さまです。

⑤私たちは、謙虚な気持ちを忘れず、すべての事に感謝します。

⑥私たちは、また会いたいと思われるキュートな笑顔を絶やしません。

⑦私たちは、誰よりも先に心を込めて挨拶をします。

⑧私たちは、女性らしさを忘れず心身ともにキレイであり続けます。

⑨私たちは、常に自分よりも相手を思い人に優しくします。

⑩私たちは、仲間を大切にし期待以上の結果を出します。

広告は「キラキラワード」を散りばめて！

ここでは、広告の作り方についてポイントをお話しします。

大手企業など予算がある場合はプロのデザイナーやコピーライターに依頼して、毎回新鮮なデザイン、キャッチコピーなどを考えてもらうこともできますが、自分で考えないといけない場合がほとんどだと思います。

また、何回も作っているうちに、キャッチコピーが思い浮かばなくて困ることがあります。Ｆａｃｅｂｏｏｋやｌｎｓｔａｇｒａｍの写真に添える言葉も、いつも同じ形容詞しか思いつかなかったりします。

そういうときは、他のサロンの広告やネイル雑誌などを見てみると大変参考になります。他のネイルサロンのチラシで、グッと魅かれる言葉を見つけることがあります。「このキーワード、ステキ！」「このサロンに行ってみようかな」と思ってしまう魔法のような言葉を、私は〝キラキラワード〟と名付けました。

例えば、夏の季節なら、「モテかわいい！　今旬・夏ネイル」「ときめきが詰まった指先に♪」「夏きゅんネイルしませんか？」「365日かわいいをキープ！」「女子力UP！　夏ネイル☆」「誰よりもかわいい指先に☆」「フットネイルで夏準備」などが挙げられます。

これから、他店の広告にも目を留めて、ときめくようなワードを探してみてください。自分のサロンに合った「キラキラワード」を増やしていくと、いろいろなシーンでキャッチコピーなどに使えて便利です。もちろん、そのまますべてを真似するのではなく、参考にしてオリジナルの言葉に置き換えたり、一部の言い回しを使ったりと工夫してくださいね。

第6章

サロンが発展していく「女性スタッフの育て方」

助けてもらった「感謝」が根底にある

2004年の夏、30歳の私が開業したネイルサロン「ティアラ」はおかげさまでオープン初月から大盛況で、1年目は一人でとにかく頑張りました。2年目は日曜日だけ、友人のネイリストに手伝ってもらうようになったものの、「日曜日じゃないとサロンに行けない」というお客様がいたりで、私も出勤することが多々ありました。しかし、当時娘はまだ保育園児でした。お休みを家族と一緒に過ごしたいと思い、以前5年間一緒に働いた仲間にサロンを任せることにしたのです。技術も人柄も分かっていたので、安心してお願いすることができました。彼女には売上の半分を支払いました。「太っ腹だね」と言われることもありましたが、彼女のおかげでお店を任せることができたという感謝の気持ちしかありませんでした。

その後、いつまでもピンチヒッターを頼むわけにはいかないので、いよいよアルバイトとして来てくれるネイリストを探すことにしました。

ある日、いつものように他店にお客さんの一人としてネイルをしてもらいに行った私は（趣味と勉強を兼ねて、今でも他店のサロンへよく行きます）、ふとダメ元で「誰かうちのお店に手伝いに来てくれる人はいないかなぁ？」と聞いてみました。

「私が行きますよ！」

なんと、その担当者が名乗り出てくれたのです。彼女の知り合いのネイリストを紹介してもらうつもりが、まさか本人が来てくれるとは思いもよらず、私のほうがビックリしました。彼女はのちにティアラでフルに働いてくれるようになり、たくさん助けてもらいました。その彼女がティアラの初めてのスタッフで、今ではティアラリュクス市川北口店のオーナーとして活躍中です。

店舗数は今や18店舗になり、スタッフが１人から約１００人になるまで、15年の年月が流れました。店舗数が増えると同時に、スクールやアイラッシュサロンやパーソナルジムなどの業務展開をしてきました。

ネイルサロンの代表は本八幡店のオープン時から14年の付き合いです。ティアラの印刷物やホームページなどを一任しているデザイナーは、１号店のお客様でした。彼女の「ネイルケアを教えてほしい」という声がスクール開校のきっかけになりました。スクールの代表も、１校目の開校時から講師を務めてくれたスタッフで、10年以上働いてくれています。このように、今日までティアラには長年勤めてくれているスタッフがたくさんいます。

多店舗展開できたのも、お店を任せられるスタッフがいたからです。今のティアラがあるのは、私を支えてくれているスタッフみんなのおかげです。

私も一緒に成長してここまで来ました。ティアラのネイルサロンは店舗全体の雰囲気が明るく、スタッフ同士の仲が良く、楽しく仕事をしています。私は、前に進もうとするとき、常に「スタッフ全員が楽しく働けるか」を判断基準にしてきました。これからもそれは変わりません。

「スタッフこそお姫さま」という育て方

千葉県の本八幡の居抜き物件に、自分でドアを白いペンキに塗り替えて作った私の小さなネイルサロン。「お客様をお姫さまにしよう」と開業した小さなお店が、３年後に株式会社ティアラグレイスになり、私は、会社のコンセプト・経営理念を「お客様はお姫さま」から「すべての女性はお姫さま」に変更しました。

〝すべての女性〟とは、お客様だけではなくティアラグレイスの女性スタッフ全員を含んでいます。「お姫さま」とは「幸せな気分になってもらう」ことを意味しています。


人が仕事を「一生懸命やりたい！」「頑張ろう！」と思うのは、どんなときでしょうか？

私はティアラグレイスに関わるすべての人に対して、愛を持って大切に接しています。スタッフを大切にすることで、みんなのモチベーションが上がり、より良い接客につながって、全員が幸せになると考えるからです。

「スタッフを大切にする」というのは、決して「甘やかす」ということではありません。

私は、スタッフに責任ある仕事を積極的に任せています。任せたら口出しもしませんが、スタッフに任せた仕事が失敗したとしても、決して怒らず、努力した点を評価しています。

そして、評価されたスタッフが「よーし！　今度は頑張ります」と思えるように、モチベーションを向上させるような接し方を心がけています。その結果、スタッフが成長して、会社も共に成長して、みんなが幸せになる……という考え方です。

この「すべての女性はお姫さま」を経営理念にして、スタッフが成長し、立派な店長が次々と生まれたおかげで、ティアラリュクスはどんどん成長し、多店舗展開をすることができました。

ミスも受け入れ、決して叱らない

私は「怒る」ということはほとんどありません。我慢しているわけではなくて、もともと叱ったり、怒ったりするのは苦手です。娘にも、「どうしてママはそんなに怒らないの?」と言われるぐらいでした。「甘やかす」とも違います。

そもそもミスがあることは当たり前です。だれでも新人の頃はミスをします。ベテランだって、ミスをすることはあります。本人が一番落ち込んでいるのに、それを叱っても、お互いのモチベーションが下がるだけで、良いことは何もありません。そんなときこそ、頑張ったことを褒めるようにしています。

ティアラの店長や店長を統括する事業部代表にも、「私の大事なスタッフを怒らないでね」と話しています。怒ってしまうと、怒ったほうも怒られたほうも気分が落ち込み、サロンの雰囲気は暗くなってしまいます。怒らない、褒めて伸ばす伝え方で、誤っている点は十分に改善されると思いますから。

また、私は「そもそも〝失敗〟して当たり前」という考えを持っています。期待をしていないのではありません。「失敗＝ミス」をしたとしても、本人が反省して、その後ミスをしないように気をつけてもらえば、そのミスはそのスタッフにとってはミスではなく、成長のチャンスなのです。

任せて、褒めて、育てる

私は「褒めて育てる」ことを大切にしています。人は誰だって、褒められたら嬉しいものです。とくに女性は褒められるのが好きなので、スタッフが全員女性の株式会社ティアラグレイスでは、「褒めて伸ばす教育」を徹底し、スタッフが自分で考えて活躍ができる場所を提供します。

新しい事業はスタッフに任せるようにしています。「スタッフのことを尊重し、やる気のあるスタッフには全面的に任せたい」という考えです。ですから、私は任せたことについては、その人を信じて、まずはほとんど口出しをしません。

多店舗展開を目指していたからこのような考え方をしたわけではなく、「やる気のあるスタッフに、新店舗の立ち上げを全面的に任せた」というのが、結果的に多店舗展開につながった秘訣だったのかもしれません。

そして、全面的に任せられたスタッフは、期待に応えようと一生懸命頑張ってくれました。「あのとき任せてもらえて、本当に嬉しかった」という声もよく聞きます。実際は私のほうが嬉しいんです。嬉しくて、またいっぱい褒めることになります。すると、それが自信につながり、スタッフはさらに成長してくれます。

もし、何か失敗があっても、私が信じて任せたのですから、責任はすべて私にあります。スタッフに重要な仕事を任せることで、スタッフとの絆も深まります。

株式会社ティアラグレイスのスタッフの成長の秘訣は「任せて、褒めて、育てる」

であり、この考え方はティアラグレイスのリーダー達にも伝えています。そうすることで、全スタッフにも受け継がれると考えています。

短所は指摘しないで、長所を見つける

短所のない人はいません。同じように、長所のない人もいません。長所と短所は紙一重。表・裏の関係だと思います。だったら、その人の短所を指摘するより、長所を見つけて長所を伸ばすほうが、みんなハッピーになれると思います。

娘が友達のことを相談してきたときも、同じような考え方を娘に伝えました。

「ママ、○○ちゃんと最近うまくいかないの」

「そうなんだ。じゃあ、○○ちゃんの良いところってどこだと思う?」

「う~ん、誰とでもすぐに友達になれるんだよね」

「それはすごいね。他には?」

「やさしいところ」

「他は？」

「困っている友達がいるとすぐに声をかけたり……。あ、今日もそうだったかも！　そっか、良いところいっぱいあった。ママ、ありがとう」

株式会社ティアラグレイスでも同じです。スタッフのことで相談を受けると、これと同じようなやりとりをします。私は、スタッフの短所はモチベーションが下がるので指摘しません。逆に「長所は何だろう？」と常に考えるようにしています。

小さなことでもその店舗の良いところを探して取り上げます。全店会議でも、悪かったことは取り上げません。あえて、良かったことをみんなの前で発表してもらいます。

「お客様アンケートで、〇〇店のお掃除が行き届いているというお声をいただきました」

「ネットのクチコミで、□□店のスタッフの対応が良かったなどの嬉しい書き込みがありました。紹介します。……」

反省と責任追及ばかりのミーティングではモチベーションは上がらないので、それよりも、良かったことをミーティングで共有したほうが得るものが多いと思います。褒められた人だけが嬉しいだけでなく、全体の雰囲気も良くなり、他の人も「私も頑張ろう」とやる気が湧いてきます。

「誰にでも長所と短所がある。それをみんなで補い合えば良い」という共通認識こそが、チームワークにつながると思います。

「マイナスの言葉」は決して使わない

言葉には不思議なパワーがあります。プラスの言葉を使えば、プラスのパワーが作用するし、マイナスの言葉を使えば、マイナスのパワーが作用します。

私は普段からマイナスの言葉は使わないように心がけています。マイナスの話も話題にしません。マイナスの言葉や話で、自分自身の気持ちを下げないようにしています。ですから、時々テレビの暗いニュースも消してしまうぐらいです。私は無意識に、周りのマイナスのパワーを避けています。

ミーティングでも、マイナスの言葉を使わないようにしています。たとえば、「今月の売上が下がった」とは言わず、「売上が落ち着いていたね」と言うようにしています。スタッフは私がマイナスの言葉や話題に反応しないことを分かっていますから、私に他のスタッフのことを悪く言うことはありません。

幹部スタッフも、私と話すときは結構気をつけて言葉を選んでいるようです。「それってマイナスの話だよね？」と私が聞く耳を持たないので。

ただ、そういうマイナス意見を無視したり、フタをしてしまうわけではありません。現場で不満が出ていることは解決しなくてはいけません。

そういうときは、「じゃあ、その子の良いところは？」と聞きます。すると、「細かいところによく目が届いて、掃除とかはマメにやってくれています」「いつもニコニコして、お客様に元気に挨拶していますね」など、探せば次々と長所が出てきます。最終的には、「良いところもありますね。頑張ってくれていますね」となります。そこで私からは「じゃあ、そっちをもっと生かしてみたらどうかな。できないほうを見ないでね」と伝えます。

長所が見えてくると、短所も何だか許せるようになるから不思議です。マイナスをプラスに転換するのも私の仕事です。

私のこだわり習慣である「マイナスの言葉は使わないようにする」。ちょっと試してみてください。

「子ども最優先」で安心して長く働ける職場に

ネイルサロンを開業した当時、お迎えの時間に間に合うように、18時には絶対に仕事を終えていました。自分のお店なので、会社勤めよりは時間的な融通が利きましたが、それでもそのマイルールを守るために必死で努力しました。

でも、一般企業はもちろん、サロン勤務でも拘束時間があります。私は子どもが小さいうちにサロンを立ち上げたので、子育てと仕事の両立の大変さを経験しています。自分なりに仕事の仕方を調整したりして乗り越えましたが、融通が利く自分のサロンですら大変だったので、拘束時間の長いサロン勤務を続けることが女性にとってどれだけ大変かも知っています。また、出産を機にネイリストを諦めてしまう女性がとても多いことも事実なのです。

ですからティアラでは、子どもを持っても働き続ける女性スタッフを応援しています。また、一度ネイルの仕事から離れてしまっているネイリストでも復帰がしやすいように、なるべくお休みや早退ができるような体制を、店舗内で協力することで可能にしています。

これはティアラに子育てママが多いからこそできる「お互いさま」の考え方です。もちろん独身のスタッフもいますが、入社時に説明しているため理解して協力をしてくれています。それと同時に、多店舗展開をしているので、店舗間でヘルプのスタッフをお願いできることもティアラの強みでもあります。

例えば、子どものお迎えで「平日は17時までしかできない」というスタッフがいれば、その前提でシフトを早番に調整します。子どもが熱を出してお迎えに行かなくてはいけなくなった場合も、できるだけ調整をして、すぐに仕事を切り上げてもらいます。

お客様の予約が入っていたとしても、「子どものことを最優先にする」は変わりません。その場合には他のスタッフが対応できますし、もし誰も空いていなければ、最終手段として、お客様に謝罪をしていただくこともあります。でも、お客様も女性なので、事情をお話しして丁寧に謝罪することで分かっていただけます。

このように、ティアラグレイスでは、子育てをしているネイリストでも働きやすい環境を目指しています。女性だけの会社だからこそ、女性同士が助け合って安心して働き続ける職場にできると思うのです。

もし、仕事を続けたい気持ちがあるのに、いろいろな理由で仕事を辞めざるを得ないと思うようなときがあっても、仕事との両立を諦めてほしくないです。これからも、スタッフ全員が好きな仕事を続けられるように、職場環境を整えていくのが私の仕事だと思っています。

上に立つ人間が、率先してやる

他店も含め、いろいろな店舗を見てきて思うのは、「どこのお店もトップ次第」ということです。代表の想いは店長に伝わり、店長の想いはスタッフに伝わります。

私も店長としてサロンに立っていた頃は、お客様への挨拶はもちろんのこと、スタッフ同士の挨拶も誰よりも先に行っていました。電話も率先して受け、掃除も誰よりも先に行っていました。言葉で指示するよりも、実際に行動してみればやり方も見てもらえるし、「店長がやっているのだから、私もやらなくちゃ」と自覚してもらえるだろうと思ったからです。

ほかにも、時間厳守、言葉遣い、服装や髪型、整理整頓など、言葉で注意するより、上に立つ人間がお手本になって、その姿を見せるほうが効果はあります。

とくに、「みんなが嫌がる仕事こそ、店長が率先してやってね」と各店舗の店長にはお願いをしています。面倒なこと、嫌なことこそ、店長が率先してやることで言葉で指示するよりもスタッフの心に伝わると思います。

また、お店のバックヤードの清潔さは、店舗に反映されます。つまり、バックヤードのキレイさは、店舗のキレイさを写し出す鏡であると私は考えています。そこで、スタッフ全員に「まずはバックヤードの清掃をしっかりとしてね」と伝えています。

モチベーションアップの仕掛けは「目標設定」

「スタッフが毎日楽しく仕事ができるように」。

私がそう考えているなかで、ティアラはここまで成長できました。一人ひとりの仕事に対するモチベーションを上げるのが、私の仕事でもあります。その一つとして意識してきたのが「目標」を持つことです。

でも、せっかくチャレンジするなら、「達成したら、○○したい」とゲームのように目標を掲げれば、仕事も楽しくなると思います。「キャンペーンやろうよ」と言うと、「え〜」となる場合もありますが、「まずはやってみようよ」「楽しんでみようよ」と盛り上げています。

ティアラでは、スタッフそれぞれに小さな目標を決めてもらっています。「今月の店舗目標を達成したい」というストレートな仕事の目標でも、「来月、旅行へ行こう」「子どもとディズニーランドへ行こう」というプライベートな目標でもかまいません。私もそうですが、目標を達成するために前向きに行動することが大切なのです。

小さな目標でもクリアして達成感を味わうと自信が生まれ、「もう少し大きな目標も掲げてみようかな」と思うことができます。その目標を達成すると、次の目標を決めてまた頑張れるようになります。そのうちに、自分で自分のモチベーションを高めることができるようになり、仕事をするのが楽しく、ワクワクするようになるのです。

「スタッフを育てる」＝「スタッフを幸せにする」

「楽しいことをしてね！」

これは、私がいつもスタッフに言っている言葉です。

一人ひとりが「楽しい！」と思いながら仕事をしているサロンや、みんなで明るく、ワクワクしながら働ける職場を作るためには、誰よりもまずトップが楽しむことだと思います。私はもちろん、店長が「仕事が楽しい！」と思って働いていれば、その雰囲気は全体に広がっていきます。

それでも、時には仕事やプライベートのいろいろなことで悩んだり落ち込んだりすることは、誰でもあると思います。それで当たり前だし、それが普通です。でも、またちょっとしたキッカケで必ず元気になれる。その繰り返しだと思います。

悩んだときは成長するチャンスです。ティアラを通して、みんなで楽しく成長していけたらと思っています。

ティアラのスタッフによる証言

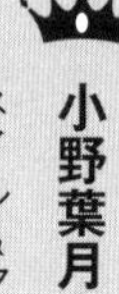

小野葉月さん

ネイル＆アイラッシュサロン　ティアラリュクス　麻布十番店　店長

【小野さんはこんな人】

小野さんは、開店1年目の幕張店でお仕事をしてくれていたスタッフでした。幕張店のサンプルチップで「これ、かわいい！」と思うものは、小野さんがデザインしたものが多く、私とテイストが合っていました。おっとりしていてかわいい小野さんが、「海外へ行ってネイルの勉強がしたい！」と言ったときにはビックリしましたが、何事も経験したほうが良いので、「ぜひ行ったほうが良い」と背中を押しました。戻ってきたとき、さらに成長していた小野さんに、麻布十番店の店長をお願いしました。

【ネイリストになった経緯】

高校生のときからネイリストになりたいと思っていたので、大学に進学するという選択はありませんでした。在学中からネイルスクールのことをインターネットで調べて、卒業前にはもうスクールに申し込んで通い始めていました。最初からプロを目指していたので、「プロコース」へ。学費は、私の夢を応援してくれていた両親が出してくれました。自分のペースで資格を取れたので、当時はまだジェルネイルの検定はありませんでしたが、ネイリスト技能検定の2級まで取りました。

■ネイルサロンは「働いてみないと分からないこと」もある

検定を取ってから、いよいよサロンで働こうと思い、「働くなら、家から近いサロンが良いな」と最寄駅近くでサロンを探しました。ちょうどネイリストを募集していて、すぐに面接をしてくれて採用になりました。そのサロンには6人のスタッフがいましたが、すぐ辞める人もいたり、「結婚を理由に退職を申し出た人にお給料が支払われなかった」とか、ちょっとブラックな話が耳に入ってきました。

社長はときどき施術をしていましたが、特別上手だったわけでもなく……。社内の技術講習会で、スタッフを怒鳴りつけるところを目撃したこともありました。スタッフ同士は仲が良かったのですが、結局、そのお店は1年半で辞めました。

働くお店を探すなら、実際にお客様として行ってみるのも良いと思います。ネイルサロンに限らず「スタッフ同士が話している雰囲気」「先輩の指示の仕方」など、お客様が不快に感じることがあるのは良くないと思います。

私が次に勤務したのが、ティアラの幕張店でした。前のお店で知り合った先輩が先にティアラで働いていたのです。ティアラがまだ6店舗ぐらいの頃で、開店1年目だった幕張店はキレイで感動しました。スタッフは3人でしたが、席数も一番多い店舗で忙しい日々でした。

■「スタッフの夢も叶えてあげたい」という社長に感謝！

ティアラで驚いたのは、社長が優しいこと。私は一回も社長に怒られたことはないですし、誰かが怒られているのを見たこともありません。スタッフにかける一言一言が優しいですね。「ごめんね」「ありがとう」と必ず言ってくれます。松岡さんの会社だから、もっと威張っても良いと思うのですが、そういうところが一切ないです。私も褒められるのが嬉しくて成長できたので、自分が店長になったときも「叱らないで、褒める」を心がけています。

「叱らない」のはもちろん、「スタッフの夢も叶えさせてあげたい」というのが松岡さんです。３年前、私は「海外に住んでみたい。ネイルの仕事を生かしたい！」と思い立ち、ティアラを辞めたことがあります。その後、帰国した際に、松岡さんは「また、うちでお仕事しない？」と声をかけてくれました。ティアラのためだけでなく、私たちの夢も閉ざすことはしない。でも、戻ってきたらまた受け入れてくれる心の広さに、感謝しています。

知り合いのなかにはプライベートサロンを経営し活躍しているネイリスト

の方々もいます。自分のイメージしているサロン作りができたり、自由な時間が増えたり、独立する魅力もたくさんあります。将来的に自分のお店を持つことを考えていないわけではありませんが、今は株式会社ティアラグレイスでお仕事できることがとても楽しいです！　たくさんの先輩、仲間がいて支え合えるのも大型サロンの魅力だと思います。

接客のときに気をつけているのは、なるべく専門用語は使わず、分かりやすい言葉で説明することです。迷っている人には、人気色を教えてあげたり、「どんな雰囲気がお好きですか？」など、好みを聞き出す質問をたくさん投げかけるようにしています。

金澤知美さん　株式会社ティアラグレイス　執行役員

【金澤さんはこんな人】

最初はアルバイトをお願いしたのですが、真面目で素直な金澤さんは物事をどんどん吸収してくれました。アイラッシュサロンを展開できたのも、金澤さんのおかげです。心配性だったのにすっかり変わって、今ではバイタリティーにあふれ、アイラッシュサロン代表として活躍しています。みんなから慕われる金澤さんは、全体を統括してくれ、とても頼れるパートナーです。

【松岡社長に育ててもらったこと】

私は短大を卒業後に銀行に入社しました。出産で退職してから子どもが4歳になるまで専業主婦でした。友人がティアラで働いていたのがご縁で「ティアラココ」という社長のセレクトショップで働き始めました。最初は商品販売のお仕事でしたが、店舗の拡大に伴って経理部門のお手伝いをさせていただきました。

■「アイリストを目指してみない？」

アイラッシュが注目を浴び始めた頃、松岡社長はティアラにもアイラッシュの導入をお考えのようでした。「ネイルと一緒にアイラッシュができれば、お客様が喜ぶだろう」との思いが強かったのだと思います。

「金澤さん、ティアラにまつ毛メニューを導入したいので、アイリストを目指してみない？」という松岡社長の提案に驚いた私でしたが、自分の技術でたくさんのお客様に喜んでいただけるネイリストさんを間近で見ていて、「私も技術者になりたい！」という思いがあったので、迷いながらも「はい！」と挑戦してみることにしました。

まつ毛エクステの学校に通わせていただき、その後3年間通信教育を受講し、美容師免許を取得しました。仕事、子育て、美容学校と人生で一番頑張った3年間でした。そして、アイラッシュサロンの立ち上げに携わっていきました。アイラッシュサロンの売上はぐんぐん伸びて、頼れるスタッフも増え、たくさんのお客様に喜んでいただけて充実した毎日となりました。今ではアイラッシュサロンも14店舗となりました。ティアラに入社してから、次から次へと新しいことにチャレンジできているのは、松岡社長のおかげです。

■松岡社長の驚くべきポジティブ思考！

まつ毛エクステに関して、アイラッシュサロンのスタート当時、「まつげエクステをしたら、まぶたが腫れたり目が痛くなった」などのマイナスなニュースがテレビから流れていたことがありました。私は、「お客様が来なくなったらどうしよう……」と不安になり、松岡社長に相談をしました。

「大丈夫。うちはちゃんと保健所の登録もしているし、きちんとした技術があるから。逆にお客様が『ちゃんとしたサロンに行こう』と思ってくれる。テレビで宣伝してくれてありがたいよね」。

不安でいっぱいだった私は、松岡社長のポジティブで、何でもプラスに考える思考に、びっくりしたのと同時にとても安心したのを覚えています。

「お店にピアノが届くから」と言われたときにも「ピアノ!?」とビックリしました。「お客様に喜んでいただけるはず！」と、松岡社長は思いついたことをすぐに実行されます。真っ白なアップライトのピアノが届き、生演奏を聴きながらの施術。始めてみたら本当に素敵で、お客様もスタッフもとても癒されています。この発想と行動力に、「こういう人が社長になるんだな」と思ったものです。もともと心配性の私も、松岡社長の近くで働くことでずいぶん変わりました。

■社長に褒められ、モチベーションが高まるスタッフたち

ティアラはスタッフ全員が女性。幹部も含めて男性はいません。そんな女性ばかりの職場で、時にはうまくいかないこともあります。そんなとき、松岡社長は間に入ってケアしたり、食事会や面談を通してスタッフが楽しく働けるようにフォローしてくださいます。

とくに、スタッフを褒めて育てることについては、「なるほど、こうしたらみんなのモチベーションが上がって育つんだ！」と感心しています。

例えば、毎月のミーティングでは、「ネットに口コミがたくさん入りました」とお客様からのお褒めの言葉を紹介。「今日は○○店がこんなことをして頑張りました」「○○店はいつ行ってもキレイです。バックヤードがいつ

もキレイな店舗は売上も上がっています」と、頑張っている店舗やスタッフをみんなの前で褒めます。何か注意をしたいときも、絶対に叱りません。「ここが良かったよ。でも、ここを直すともっと良いよね」という言い方です。

店舗展開の手腕も目を見張るものがあります。「すべての女性はお姫さま」のコンセプトを守り、丁寧な接客態度、ピンクと白を基調にしたお店の雰囲気、質の高い施術力でお客様の期待を裏切らない信頼を築いています。社長の決断力、行動力で店舗は18店舗まで増え、いつの間にか100店舗を目標にできるまでに成長しました。

スタッフの中には、独立開業を目指すスタッフやスクール講師を目指すスタッフもいます。「みんなのそれぞれの夢を叶えてほしい。応援します!」という松岡社長。私は、これからも松岡社長と全店舗のサポートをしていきたいと思っています。

第7章 多店舗展開への道

開業で開いた〝多店舗展開〟への扉

「独立して自分のサロンを開業したい。でも私にできるのかな」と、開業のスタートラインに立っている人に「多店舗展開」の話をしても、〝自分に関係ない遠い話〟に思えるかもしれません。

ネイルの仕事が大好きだった私が、普通に結婚・出産をして、どうしてもまたネイルの仕事をしたくて、子どもを保育園に預けてネイリストとして復帰しました。自宅以外でネイルができる場所を探して、たまたま見つけた10坪の居抜き物件で始めたネイルサロンが「ティアラ（のちのティアラリュクス）」でした。

1店舗目を開業するときには、「1店舗〝目〟」という意識はなく、自分の思うように経営できる自分のお店を持てたことに大満足でしたから、〝2店舗目〟なんて考えてもみませんでした。

ところが、開業から2年後には2店舗目をオープンしていたのです。自分でも予想もしてなかった展開でした。そして現在は18店舗にまで増えたのです。

〝開業〟によって、自分が意識しなくても〝多店舗展開〟の扉を開いていたのでした。

「2店舗目」の前に、「ネイルスクール」を開校

2004年の夏。千葉県本八幡に開業した1店舗目のサロンは、1年間は私一人の「店長兼スタッフ一人店舗」でしたが、お客様にも恵まれ、順調にスタートしました。軌道に乗ってくると、1カ月に目標以上の100~150万円の売上を上げていました。今思えば、たった一人ですごい売上だったのですが、当時の私は、それが「すごいこと」かどうかも分からないまま、ネイルの仕事を楽しんでいました。

しばらくすると、お客様の中から、「ネイルのやり方を教えてほしい」という声が上がるようになり、ネイルケアなど簡単なプログラムを作って教えることになりました。そんなこともあり、「店舗の2階も空いているし、ゆくゆくはネイルスクールもできたら良いなぁ」とは思っていました。

私が通っていたスクールはサロンも併設していたので、同じようにスクールを併設することは、私にとってはわりと自然なことでした。大家さんには、「空いている2階をスクールで借りたいと思っているので、他の人が借りそうになったら声をかけてください」と頼んでありました。

ある日、そのときはやってきました。

「2階を見に来た人がいたけど、今度の人、決めそうだよ」

「えっ、じゃあ、私が借ります！」

もともと、スクールを開校するためにいつか借りるつもりだった物件です。そのときが来たら即決するつもりでした。「よく、即決できるね」と驚かれることがありますが、私は自分の直感を信じているので、あまり迷うことはありません。

特に物件を探すことに関して言えば、タイミングがすべてです。ゆっくりと考えている間に他の人が借りてしまったとき、そちらの後悔のほうが大きいのです。

2階の件も、もし「スクールを開校して大丈夫だろうか」「2階だけど生徒さんが集まるだろうか」と躊躇していたら、その間に他の人が物件を借りてしまい、スクールを設立できなかったかもしれません。結果、2店舗目を出す前にスクールを開校することができました。

今でも物件を探すのは私の大きな役割ですが、もう趣味・特技になっているかもしれません。

新しい土地には、新しいお客様が来てくれる！

2006年7月「ネイルスクールティアラグレイス」が開校しました。初めの頃は私も教えていましたが、仲間の一人が講師の資格を持っていたのでお願いするようになり、生徒数も徐々に増え始めました。同時に、ネイリスト検定に合格する生徒さんから、「私もティアラで働きたいです」という要望が増えていき、1店舗目の本八幡店だけでは受け入れることができなくなっていました。

その頃、本八幡店の場所が都市開発の都合により、ゆくゆくは立ち退かなければならないという話を聞きました。そこで、「将来的に立ち退くことになるのだったら、どこかにもう一つサロンを出しておこう」と思い立ちました。

とは言っても、いつも通ってくださるお客様のことも考え、まずは一つ隣駅の市川に目をつけました。「テナント募集」が貼ってあり、前から気になっていたビルに問い合わせて、その店舗を借りることに決めました。その時点でも、まだ「店舗展開をしていこう！」などとは思っていませんでした。

ところが、市川に2店舗目をオープンしてみて、気づいたことがありました。当初の目論見では、新しくオープンした市川店には本八幡店の既存のお客様を受け入れるつもりでいたのですが、実際にオープンしてみると、市川店には市川に住んでいらっしゃる新しいお客様が来店されたのです。

「そうか！　新しい場所に店舗を出せば、またその地域の新たなお客様が来てくれるんだ！」

今思えば当たり前のことなのですが、この気付きと「ティアラのスクールを修了した生徒さんの働ける場所」を作っていったことが店舗展開のきっかけとなりました。

ついに銀座に進出！

最初のサロンのオープンから約3年後の２００７年12月、株式会社ティアラグレイスを設立しました。ティアラで働いてくれているスタッフや、スクールで次々に育っていくネイリストたちのためにも、多くの場所を作って皆に活躍の場を提供していきたいと思っていました。

本八幡店も市川店も多くのお客様に来ていただき、売上は好調でした。ネイルスクールも、千葉県で初の「ＪＮＡ認定校」に登録することができ、ティアラグレイスは成長していきました。

その頃の私は、「保育園に通っている娘が小学校に上がる前に、店舗を増やしサロンの経営を安定させたい」と思っていました。小学校に上がってからのほうが、娘の帰宅時間も早くなり、親が参加する行事も多くなるからです。その前に少しでも時間を作れる体制にしておきたかったのです。そんな思いもあって、娘を保育園に預かってもらっている約9時間、私は「人の〝3倍〟動こう！」と心に決めて動きました。

覚悟を決めてからの私は、「ひらめいたアイデアは即行動！」を心がけていました。会社を設立してからの3年間は、3～4カ月に1店舗ぐらいのペースで新店舗をオープンしていました。今思うとすごい勢いですね。

3店舗目は憧れの銀座へ出店しました。

銀座の物件を探すときも、携帯電話を片手に住宅情報サイトで物件を探して、問い合わせては現地を見に行きました。

心魅かれたのは、銀座1丁目の家賃50万円・保証金350万円の物件でした。もちろん家賃は高かったですが、「〝銀座にお店があるティアラで働いている〟とスタッフが喜んでくれるかな」「〝銀座にお店があるティアラへ通っている〟とお客様にもスクール生にも喜んでもらえるかな」という思いもあって、銀座出店を決意しました。

都内に住んでいるスタッフがいたので、その人にお店を任せようという思いもありました。

当時、ネイル業界は成長の真っ只中。サロンを出店すれば利益は出ました。でも、その利益はすぐに次の店舗の出店資金に回していたので、会社に貯金はありませんでした。

ドミナント戦略で相乗効果。地元知名度もアップ！

4店舗目は「実家に近い」という理由で、「アパホテル&リゾート〈東京ベイ幕張〉」内の幕張リゾート店に出店しました。「昔、ここが幕張プリンスホテルだった時代に両親と行ったなぁ～」という懐かしさから、そのテナントにどうしても入りたかったのです。当初、一度申し込みをしたのですが他のテナントに決まってしまい、借りることができませんでした。それでも諦めることができず、担当の方に相談をして、同じフロアの倉庫だった場所を改装してもらって出店をしました。

同じ年の10月には5店舗目の成田店を出店。その間にも、ティアラのネイルスクールからスタッフは育っていきました。私が新店舗を出すタイミングは、「人が育ったとき」です。スクールに通ってネイリストになったとしても、学ぶだけでなく、希望があればティアラのネイルサロンへ優先的に就職をさせてあげたいと思っています。

そして、「この人なら、店長を任せられる」という人が現れれば、また店舗を増やします。「活躍の場を提供したい」と思うのです。下総中山店もそうでした。その後、船橋店、稲毛海岸店と近隣エリアに店舗は増えていきました。

店舗展開も順調に進んでいた2010年8月には、自社ビルを所有することになりました。経緯としては、成田店が入っていたビルは2階でもスクールを展開していましたが、あるとき、ビルのオーナーが自己破産をして競売にかけられたのです。そんなとき、普通は「どうしよう。成田店を撤退しないといけないのかな」と頭をよぎるのかもしれませんが、私が思ったのは「このビル、自分のものになるかも」でした。

成田店は駅から距離もあるので駐車場を併設しているのですが、テナント賃料、駐車場代などをトータルで計算してみたら、そのビルごとローンで購入する場合の毎月の返済額とあまり変わらなかったので、ビルの購入を決意しました。これは一例ですが、競売というピンチの事態も、逆転の発想でチャンスに変えてきたのです。その後も、市川南口店、佐倉店、稲毛店と、千葉県の下総一帯に店舗展開を続けました。

最初から狙ったわけではないのですが、この店舗展開は結果的には「ドミナント戦略」の効果がありました。一つのエリアに集中して出店したため、その開業したエリアの住民の方々に店名を知ってもらう機会が増えて知名度がアップし、そのエリアの市場占有率が高くなりました。近隣店舗間でスタッフの移動がしやすいのもメリットでした。

このように、次々と店舗は増えていましたが、相変わらず、会社の資金は増えませんでした。銀座店は家賃が高く、それほど利益は出していませんでしたが、全店トータルでは何とかなっていました。今でこそ、会社に何かあったときのためにストックもなくてはいけないと思いますが、その頃は「お金を貯めよう」と思ったことはありませんでした。

東日本大震災で、一変した価値観

すべて順風満帆に事が進んでいき、店舗は増え続け、自社ビルも取得しました。「会社の預金は増えないけれど、なんとかなるでしょう」と思っていた私の価値観が一変してしまう出来事が起こりました。

２０１１年3月11日に発生した東日本大震災です。

激しい揺れの中で、「終わった……」と思いました。建物や地面の揺れでモノが散乱している店内、不安におびえているスタッフやお客様……。そんな光景を想像して、「もう営業はできないかもしれない」という不安が頭をよぎりました。

首都圏も大混乱になった未曾有の大地震でしたから、物理的にも、お客様の心理的にも、世の中はネイルサロンどころではなくなるはずです。売上がなければ、スタッフの給料も新店舗の支払いだって滞ってしまうかもしれません。初めて私が弱気になった瞬間でした。

「うちの会社にはお金のストックはない。今度またこのようなことがあったら、間違いなく会社は立ち直れない。今のような経営ではダメだ……」

この大地震の一撃で、私の価値観が一変しました。

地震の翌日に信じられないような被害状況を目の当たりにして、日本中が非常事態に怯えているなか、「ネイルをしよう」と外出する人なんているわけがないと思いながらも、予約は埋まっていたのでお店を開けました。スタッフも、「家でじっとしているより、仕事をしていたほうが落ち着く」と普段通りに出勤してくれました。

すると、予想に反して、多くのお客様がキャンセルせずに来てくださったのです。

「家にいても悲しい報道ばかりで、つらくなってしまう」

「少しでも気分を明るくしたいから」

お客様は、ネイルサロンに元気と明るさを求めて来てくださったのです。

これほどまでに力があるとは！　私は、このとき「ネイルの底力の素晴らしさ」を目の当たりにし、あらためて「ネイルの力ってすごい！」と感動しました。

この震災は、私が経営に対する考え方を見直すきっかけとなりました。

「早めの撤退」をおそれない

「終わった……」と思ったピンチは、「軌道修正」のチャンスでした。

ここまでのやり方は、〝資金をどんどん新店舗に費やして、新店舗で作った資金をまた次の店舗に導入〟という計画的とはいえない新店舗の出店でした。それと同時に、資金を貯めない経営には問題があります。

今回の地震は何とか乗り切れましたが、次に何か想定外の事態が起こったら、今度こそ、55人（当時）のスタッフを路頭に迷わせてしまうかもしれません。

私には、スタッフを守っていく責任があります。何かあったときでも対応できる会社の体力は必要です。ですから攻めの経営だけでなく、守りの経営も必要であると考えました。

そこで、私は経営の見直しを始めました。具体的には、赤字店の閉店です。今までは売上が多少落ちている店舗でも、他の店舗の売上で全体のバランスを取っている状態でしたが、そこを思い切って見直したのです。震災直後、3店舗の閉店を決めました。

閉店するとき、銀行員の方に言われたことがあります。

「閉店を決めるのが早いですね。〝閉店にするのは恥ずかしい〟という見栄もあって、なかなか閉店の決心がつかない方もいらっしゃいますよ」

確かに、私は「閉店が恥ずかしい」というようなプライドは持っていません。ただ、「やるだけやってダメだったら諦めるしかない。ダメなときは早めに、借金が膨れてしまう前に閉店しなくては」と思っただけです。そして、震災を機に考え方を変えたことで、現実的に数字を見て判断をしたのです。

一方で、撤退が早ければ良いというわけでもないと思っています。「自分がどこまで持ちこたえることができるのか」の限界を見極めた上で、やれることは精一杯やって、しばらく様子をみたほうが良いと思います。それでダメなら撤退です。

ブレない判断基準で即決！

店舗展開をしている会社を経営していると、「こんな事業をやってみませんか？」というお誘いを受けることが多くなってきました。美容業界にまったく関連がない話もあります。

「絶対に儲かると思いますよ」

この言葉は魅力的な誘い文句なのかもしれませんが、私にはまったく響きません。そして、私はこれまで「儲かるから」という理由で何かを判断したことはありません。

私の判断基準は明確です。

「自分が楽しいかどうか」

「スタッフやお客様が喜ぶかどうか」

この2点です。

どんなに儲かりそうな話でも、楽しいと思えなければ熱くなれないし、スタッフもお客様も喜びそうにないことを頑張る気持ちは湧いてきません。そして、多分続きません。

「自分が楽しいかどうか」は、ときに「自分が好きかどうか」「自分が気に入ったかどうか」にも置き換わります。この判断基準を満たして、新しく取り入れた事業が「アイラッシュ」でした。

「アイラッシュ」の良さは語るまでもなく、その美しさと便利さで今やネイル同様に普及していると思います。もちろん、私自身もアイラッシュは欠かせません。今では、ティアラにネイルに来られるお客様の大半の方はアイラッシュも楽しんでいただいています。ネイルに興味がある方はアイラッシュにも興味があり、別々のサロンに通うよりも一つのサロンで同じ日に施術できたほうが、「お客様は喜ぶ」と思いました。設備的にも大幅な工事等を要しないので、無理なく導入できると判断しました。

「私が気に入っている」「お客様も喜んでくださる（ニーズがある）」「スタッフも嬉しい」。結果、ネイルとアイラッシュ併設の相乗効果で、お店の売上もアップしました。

２００８年からスタートして、今では18店舗すべてがネイル＆アイラッシュ併設店になり、ティアラにとっても大切な事業になっています。

このように、私の判断基準はハッキリしているので、新規事業などの提案に対しても迷うことがありません。開業当初から「即決」が多いのは、自分の中の判断基準がハッキリとしているからです。そして、この判断基準によって決めたことは、すべて楽しいし、ワクワクできます。

店舗展開もその一つですが、私の判断基準はブレることがないので、スタッフも理解してくれていて、新しいことにも心を一つにして取り組めるのです。

これからも、「自分が楽しいか」「みんなが喜んでくれるか」で判断しながら、迷わず、前に進んでいこうと思っています。

安心して開業できる「フランチャイズ」という選択

2015年からティアラグレイスは、「フランチャイズ」も開始しました。ネイルスクールの卒業生や、ティアラサロンから独立開業するネイリストさんの選択の一つになりました。

自分のサロンを開業する準備はこの本でも説明しましたが、なかなか勇気のいることです。とくに店舗を構えるとなると、物件探しから内外装・広告宣伝まで、ノウハウも時間も必要です。フランチャイズによる開業は、大幅な時間短縮と「一人で悩まなくても良い安心感」が得られます。

ティアラのフランチャイズ制度は、さまざまなメリットがあります。

- **サロン開業に向けてのアドバイス**
- **本部による立ち上げから運営までのサポート**
- **内外装・広告宣伝・人材育成のサポート**
- **自社オリジナル商品の購入で、商材費のコストダウン**
- **毎月の訪問指導**
- **売上管理**

フランチャイズの最大のメリットは、すでに多少の認知度があってお客様から信頼されているティアラの〝看板を掲げられる〟ことです。つまり、新規開業のサロンでありながら、信用とブランドイメージを共有できます。

広告宣伝もサポートしてもらえるので、知名度のないゼロからの宣伝による集客とは違い、最初からある程度の集客が見込めます。

経営面も毎月の訪問指導で、目標利益が達成できるように売上も管理しています。ティアラの全店会議などにも出席できるので、悩みを相談できたり、常に最新の情報を共有することができます。

ティアラの看板を掲げる、ということはティアラのコンセプトを理解していて、ブランドイメージを共有することが必須になります。つまり、ティアラのフランチャイズ店になれば、「すべての女性はお姫さま」の経営理念を守り、店内の内外装、メニューや価格は他の直営店と同じにして、お客様にも同じサービスを提供する、ということが前提になります。

ですが、ティアラは決して安い価格のサロンではないので、こんな声も上がってきます。

「うちのお客様の層だと、価格はもっと安くしないと来ないですよ」

「こんなピンクばかりのネイルじゃなくて、他の色も使った派手なネイルがしたい」どの声も、「お店の売上を良くしたい」「お店のために」と思ってのことだとは理解できるのですが、そうなるとティアラのコンセプトとはズレてしまいます。

フランチャイズ制度は、まだまだ大きな可能性を秘めています。フランチャイズによる店舗展開は、ティアラグレイスにとっても、独立開業を目指すネイリストにとっても、双方にメリットがあります。

ティアラの経営理念を十分に理解していただける方だけに、ティアラを出店してもらいたいと思っています。

私が多店舗展開を目指す理由

２０１７年11月の会社創立10周年の節目に、従業員95名、来賓38名を招き、「経営計画発表会」を行いました。そこで発表したのは「１００店舗計画」でした。

「１００店舗を目指す」と宣言してから今日まで、約２年が経ちました。掲げた途端、いろいろな壁につまづいていますが、創業当時のように、「サロンを出店すれば利益が出て、その利益でまた新しい店舗を出店する」という経営方針ではなく、少しスピードを緩めながら慎重に出店をしていました。

繰り返しになりますが、私はティアラのスタッフが幸せになるために働いています。幸せの定義は人それぞれではありますが、「安心して働ける職場環境」はもちろんのこと、「お給料面での満足度」も大事なことだと思っています。ですから、どこよりも高いお給料を支払ってあげたいと本気で思っています。

そのために、「店舗を増やすこと」も必要だと感じているのです。店舗数を増やすことで、次の6つのメリットがあり、会社やスタッフ、ネイル業界全体の発展にもつながると思っています。

①スクール卒業生や多くの従業員を雇用できます

②店長などの役職数も増えるので、長く働いてくれているスタッフを昇格・昇給できる機会も増えます。「新規出店責任者」など設け、多くのスタッフのモチベーションアップ、キャリアアップにつながります

③「ティアラ」の認知度、信用度が上がり、ブランド力が向上します
④「ネイル＆アイラッシュ」の業界がもっと世の中に認められるようになります
⑤「世の中の女性を元気に幸せにするサロン」が増えるので、もっと多くの女性を幸せにすることができます
⑥利益が増えて、多くの納税をすることで社会に貢献できます

経営者としての私の役割は、この店舗展開をいかに推し進めていくかを考え、実行していくことです。他店に移ることなく、長年、ティアラで働いてくれているスタッフには本当に感謝しかありません。私がなぜ、これほどまでにスタッフに感謝しているかというと、ネイルサロンに限らずどんな業界でも、生き残り伸び続ける企業になるためには、ノウハウでも営業戦略でもなく〝人〟が育つか、なのです。

だから、育ってくれた彼女たちに、「ティアラで働いてきて良かった」「ティアラで働くことが誇り」と思ってもらえるようになりたい！　業界ナンバーワンにしたい！　ティアラリュクスを展開することにより、たくさんの女性を幸せにしたい！

この思いがあっての、私の店舗展開なのです。

すべてがうまくいく「ポジティブ思考」

私の強みは、一言で言えば「ポジティブ思考」です。

「行動力があるね」と言われることが多いですが、それは「うまくいく。どうにかなる」というポジティブな気持ちが強いからだと思います。

なぜ私が「うまくいく。どうにかなる」と思っていられるのか。

それは「いつも誰かが見てくれている。どこから見られていても恥じることがないように生きていこう」と思ってきたからです。悪いこと、ズルイ考え方をしないで、真面目に生きていれば、「悪いことが起こるわけがない」と思えるのです。ポジティブにも程がありますね。

思い通りにいかないときは「逆に、そのほうが結果的には私にとって良い選択だったのだ」と考えます。

ティアラという会社についても、私は「自分の欲のためではなく、スタッフやお客様を幸せにしたい、喜ばれたい」と思って行動しています。そんな純粋な気持ちが原動力なので、「邪魔が入るわけがない」「うまくいかないはずがない」と信じているので、本当に迷いなく突き進めるのです。

ピンチの場面で、スタッフが「社長、本当に大丈夫ですか?」とアタフタしても、私は「絶対大丈夫だから」と言います。そして、それで本当にどうにかなってきたのを何度も見てきたスタッフからは、こう言われます。

「社長は魔法使いですね」

ポジティブ思考には、魔法の力があるのかもしれません。

生き残るサロンになる鍵は〝人〟

「ネイリストになる」ことからスタートして、「サロン勤務」「独立開業」「サロン運営」「店舗展開」と書いてきました。

小さなネイルサロンから始まり、大きな野心もなく開業した私ですが、時代ととももに変化するネイルサロンの世界で、今日までやらせていただくことができました。16年やってきて感じ、分かったことは「すべては人である。人がすべて」ということです。ネイルサロンだけでなく、企業や組織の成長や生き残りの鍵は、ノウハウでも資金力でもなく、間違いなく〝人〟の力です。ですから、〝人〟を育てていくことが最も大切なことだと思います。

私が一人のままネイルサロンを運営していたとしたら、小さなサロンのままで多店舗展開はありませんでした。一人でも自分以外のスタッフが入ったとき「スタッフのためにもサロンを盛り上げたい」と思い始めます。そして、スタッフが増えれば「みんなを幸せにしたい。そのためには何ができるだろうか」と覚悟が生まれ、私は〝私以上の力〟を発揮することができました。

「スタッフはお姫さま」と思って育ててきたスタッフが、今ではどんどん頼れる存在になり、私と会社を支えてくれています。本当に感謝しかありません。だからこそ、これからもみんなでワクワク楽しく前に進みたいのです。

みなさんの「開業」が、夢の実現とともに、大切な〝人〟との出会いになるように願っています。

あとがき

ネイルサロンの開業を目指す人たちに、多くのネイルサロンを立ち上げてきた私が、開業に役立つことをアドバイスできたらという思いで出版を決めたこの本。単なるノウハウ本にしたくなくて、私だからこそお伝えできる「一人店舗から多店舗展開までの経験」や「ポジティブな考え方」などを、嘘偽りなくお伝えしてきました。この本を手に取ってくださった方が、大好きなネイルをお仕事にして、毎日がどんどん楽しくなるように願いながら……。

言うなれば、「ネイルサロンを開業して幸せになるための本」になると良いなと思って書きました。

人が違えば環境も違うし、幸せの定義も人それぞれです。「私のような経験をしてください」ということでもありません。だけど、確信していることは「すべては考え方次第」ということ。物事を良くするのも、悪くするのも、考え方ひとつです。私のポジティブな考え方が、少しでもみなさんの開業の後押しになればと思います。

小さなネイルサロンを夢いっぱいで開業したあの頃の私は、サロンの失敗なんか考えもせず、ただガムシャラにお客様のネイルに向き合ってきました。同じ環境にいる方がどれだけいるかは分かりませんが、どんなカタチであれ、「夢をカタチにする」という思いは全力で応援したいと思います。

「ネイリストになりたいけれど、どうやってなれば良いのか分からない」
「どんなスクールを選べば良いのか分からない」
「ネイリストの資格を取ったけれど、良い職場が見つからない」
「妊娠・出産を機に、ネイルの世界から離れてしまったけれど、復職したい」
「開業したいけれど、どうしたら良いか分からない」
「ネイルサロンを開業しているけれど、思うようにいかずに悩んでいる」

この本は、そんな迷いや不安を抱えている方々に「大丈夫だよ」という安心感をお届けできたでしょうか。

みなさんが今どんなステージにいても、ネイルのお仕事に関することなら、私は自分自身の経験を通して何でもアドバイスすることができる自信があります。これから「開業」しようと思っているあなたにとって、私の発することすべてに共感できなかったとしても、ひとつでも参考になることがあれば嬉しく思います。そして、女性を一瞬で幸せな気持ちにしてしまう「ネイル」で、お客様だけでなくあなた自身も輝いてほしいと思います。

16年前に一人でスタートしてから、たくさんのスタッフに支えられながらここまで築き上げてきたティアラ。私は、ティアラを100年続く会社にしたいと思っています。私がこの世の中からいなくなっても、ティアラを世の中に残していきたいと思っています。なぜなら、ティアラは世の中の女性を幸せにすることができる会社だからです。

何かのきっかけでこの本を手に取っていただき、最後まで読んでいただいたみなさま。本当にありがとうございました。

２０２０年２月

株式会社ティアラグレイス　代表取締役社長　松岡華子

松岡華子

（まつおか・はなこ）

株式会社ティアラグレイス　代表取締役社長

1973年、埼玉県生まれ。表参道の高級ネイルサロンで修業後、2004年当時、30歳（娘が3歳）の時に、ネイルサロン１店舗目を1人でオープン。2007年、株式会社ティアラグレイスを設立。その後ネイルスクールを立ち上げ、生徒が育ったために生徒が働けるサロンを作っていったことをきっかけに店舗展開をスタート。「すべての女性はお姫さま」を経営理念に、今年で創業16年、会社設立から13期。現在ネイル&アイラッシュサロンティアラリュクス18店舗、ネイルスクール4校を経営。全従業員も約100名（全員女性）に上り、その店舗展開の手腕とスタッフ管理、教育が注目されている。

独立開業を目指す方の支援セミナーも開催。

現在、一般社団法人神奈川ニュービジネス協議会理事を務める。

著書に『働く女性が楽しく幸せをつかむ50の法則』（サンライズパブリッシング）がある。